CHAQUE PIÈCE, 20 CENTIMES.
106e ET 107e LIVRAISONS.

THÉATRE CONTEMPORAIN ILLUSTRÉ

MICHEL LÉVY FRÈRES, ÉDITEURS,
RUE VIVIENNE, 2 BIS.

LES MYSTERES DE LONDRES

OU

LES GENTILSHOMMES DE LA NUIT

DRAME EN CINQ ACTES ET DIX TABLEAUX

PAR

M. PAUL FÉVAL

REPRÉSENTÉ POUR LA PREMIÈRE FOIS, A PARIS, SUR LE THÉATRE HISTORIQUE, LE 28 DÉCEMBRE 1848.

DISTRIBUTION DE LA PIÈCE

RIO-SANTO	MM. LAFERRIÈRE.	L'ATTORNEY	MM. PAUL.
DONNOR	MATIS.	MICH	SERRES.
BOB LANTERN	BOUTIN.	UN GROOM	JULES.
MOORE	DUPUIS.	UN HUISSIER	DÉSIRÉ.
PERCEVAL	FECHTER. / CLARENCE.	UN GENTILHOMME	GUSTAVE.
O'CONNEL	GEORGES.	SUZANNAH	Mmes LACRESSONNIÈRE.
PADDY	CRETTE.	FANNY	H. JOUVE.
GRUFF	BOILEAU.	MARY TREVOR	R. DEUDON.
GERARD	GASPARI.	LA MAUDLIN	G. WEYMER.
LORD TREVOR	BEAULIEU.	MISTRESS GRUFF	GÉNOT.
JOHNSTON	BARRÉ.	CLARY	FANNY KLEINE.
LE PRINCE DIMITRI TOLSTOI	PEUPIN.	LADY CAMPBELL	RACINE.
SNAIL	COLBRUN.	LADY BROMPTON	BETZY.
FALKSTONE	BONNET.	LADY MORDAUNT	LAIGNELET.
PICOTT	CASTEL.	LADY BLOMBERY	DEVAL.
HARISSON	ALEXANDRE.	LADY STANLEY	HONORINE.
TURNBULL	MOREL.	LA MERE JACOBS	LOUISE.
WALTER	FLEURY.	JANE	LÉONTINE.
SMITH	ARNAUD.	PHEGOR	CONSTANCE.

ACTE I.

PREMIER TABLEAU.

La scène représente la place du Théâtre de la Reine à Londres. — A droite du spectateur, la colonnade du théâtre; à gauche, au premier plan, le cabaret du Roi Georges. Le cabaret fait l'angle du théâtre. On voit, par un pan coupé, une portion de l'intérieur du cabaret. — Au fond du théâtre, les édifices de Londres. — Au lever du rideau, le théâtre représente le mouvement d'une rue de Londres, à six heures du soir. — Des omnibus passent et repassent; des cabs déposent des spectateurs, qui viennent prendre la queue à la porte du théâtre.

SCENE I.

BOB LANTERN, *endormi sur une table, dans un coin du cabaret*, MISTRESS GRUFF, GRUFF.

GRUFF, *à sa femme.*

Ah! voici la queue qui se forme au-devant du théâtre... nous allons bientôt avoir du monde.

MISTRESS GRUFF, *en colère.*

Vous ne savez ce que vous dites, monsieur Gruff! nous n'aurons personne... Ne voyez-vous pas qu'il est déjà six heures, et que le capitaine O'Chrane devrait être ici pour me conduire au spectacle, ainsi qu'il me l'avait promis?...

GRUFF.

Détrompez-vous, ma chère amie; il est six heures moins un quart, et le capitaine Paddy O'Chrane ne manquera pas de venir à six heures précises. On n'en remontre pas au capitaine en fait de ponctualité,... *(avec un peu de malice)* et de galanterie, mistress Gruff!

MISTRESS GRUFF, *avec humeur.*

Laissez-moi tranquille!

BOB, *rêvant.*

J'ai creusé la terre pendant douze heures de suite... le trou est profond, la besogne avance... C'est durement fatigant!

GRUFF, *avec effroi.*

Que dit-il, celui-là?...

MISTRESS GRUFF, *à son mari.*

Poltron!...

BOB, *endormi.*

Aiguise ma pioche, Snail... Je suis de force à faire un trou si grand, que la Cité ressemblera à une noix vide!..

GRUFF, *le secouant.*

Réveillez-vous, Bob Lantern! réveillez-vous!...

BOB, *se réveillant à moitié.*

Eh bien! quoi?... Qu'est-ce qu'il y a, voyons?... Je ne crains rien... J'ai le mot, tout comme le lord en personne! (*Gruff et sa femme se regardent avec étonnement.*)

GRUFF.

Plus bas! mon bon monsieur Bob! plus bas!

BOB.

Je vous connais... je sais à qui je parle... Gruff, approche ta longue oreille...

MISTRESS GRUFF, *à son mari.*

Avancez donc! (*Gruff s'arrête en voyant entrer deux hommes. En ce moment, on voit entrer Suzannah au fond du théâtre avec une jeune fille conduite par une vieille femme.*)

SUZANNAH.

Il faut nous quitter ici, ma pauvre petite Clary... J'ai déjà trop tardé... on me grondera, vois-tu...

CLARY.

Mais tu as les yeux rouges, ma sœur.. tu pleures...

SUZANNAH.

Non... ce n'est rien... Sois bien sage, ma sœur... Maintenant que te voilà placée chez de bonnes gens, travaille bien pour l'amour de notre pauvre père... Adieu, ma petite Clary... Nous serons peut-être quelque temps sans nous voir... Mère Jacobs, veillez sur elle! (*Elle l'embrasse avec passion.*)

GRUFF, *à Bob, après que les deux hommes sont partis.*

Vous disiez donc?...

SCÈNE II.

LES MÊMES, SUZANNAH. (*Suzannah, après avoir traversé la scène avec un pot à bière, entre au cabaret et dépose silencieusement le pot et de l'argent sur le comptoir. Elle s'arrête et reste immobile sans écouter.*)

BOB, *à Gruff.*

Le mot qui te ferait vendre du gin pur, vieil empoisonneur! le mot qui ouvrirait ta bourse au pauvre, vieil avare! le mot qui vous rendrait polie, aimable, mistress Gruff!...

MISTRESS GRUFF.

Monsieur Gruff! on insulte votre femme!

BOB.

Le mot qui nous fera pendre tous les trois, mes bons amis!...

GRUFF.

Suzannah!

MISTRESS GRUFF, *voyant que Gruff s'est arrêté effrayé à la vue de Suzannah, à Suzannah.*

Que faites-vous là?... Vous écoutez, n'est-ce pas?...

SUZANNAH.

Non, madame... Voici la cruche et l'argent.

MISTRESS GRUFF, *après avoir compté.*

Le compte n'y est pas... il manque un penny.

SUZANNAH.

Le croyez-vous, madame?

MISTRESS GRUFF.

Si je le crois!... comptez vous-même... sotte fille!

SUZANNAH, *fouillant dans sa poche.*

Voici un penny, madame...

MISTRESS GRUFF.

Impertinente!... Allez-vous-en dans le parloir.

GRUFF, *à part.*

Il y aura de l'orage ce soir...

SCENE III.

GRUFF, MISTRESS GRUFF, BOB, *qui est retombé sur la table.*

GRUFF.

Tenez, ma chère amie, ne vous fâchez pas, et écoutez ce que je vais vous dire...

MISTRESS GRUFF.

Parlez! mais parlez vite, monsieur Gruff!

GRUFF.

Cet homme a raison... il nous arrivera malheur!

MISTRESS GRUFF.

Bah! encore quelques mois et nous nous retirerons riches...

GRUFF.

Dans quelques mois, qui sait?...

MISTRESS GRUFF.

Ces gens-là sont puissants, et ils ont besoin de nous...

GRUFF.

Oh! oui, puissants!

MISTRESS GRUFF.

Plus que la Reine avec ses deux parlements! Je les ai entendus l'autre soir..... Il y a toutes sortes de gens parmi eux..... des docteurs, des magistrats, et jusqu'à des lords... des lords de la chambre haute... Leur association enveloppe Londres comme un réseau, et s'étend de là sur les trois royaumes... Je tremblais à les écouter... Ils sont cent mille coquins de toutes conditions, de tous étages...

GRUFF, *troublé.*

Silence, au nom du ciel!

MISTRESS GRUFF, *montrant Bob.*

Il dort... Ils sont cent mille... Leur mot de passe est comme un talisman qui ouvre toutes les portes et courbe les volontés... L'homme qui peut prononcer ce mot est le maître partout...

BOB, *dormant.*

Gentilhomme de la nuit!

MISTRESS GRUFF, *tressaillant.*

Comme celui-là est le maître chez nous...

GRUFF.

Ah! l'aisance que nous amassons pour nos vieux jours nous coûtera bien cher, madame Gruff...

MISTRESS GRUFF.

Taisez-vous... voici quelqu'un...

SCÈNE IV.

LES MÊMES, PADDY O'CHRANE.

GRUFF.

Le capitaine Paddy O'Chrane!

PADDY.

Moi-même! moi-même! mon bon Gruff, c'est moi! (*Il s'approche de mistress Gruff.*) Toujours belle, toujours rouge comme une cerise! De par Dieu! voilà une aimable hôtesse, ou que je sois pendu, madame! Je viens vous chercher.

MISTRESS GRUFF.

Vous êtes en retard, capitaine...

PADDY.

Le capitaine Paddy O'Chrane en retard près de la beauté, jamais! Gruff, mon ami, écoutez: six heures sonnent... (*A mistriss Gruff.*) Avais-je tort?

MISTRESS GRUFF, *avec un sourire.*

Je vais mettre mon chapeau. (*Elle sort.*)

PADDY, *regardant Bob.*

Eh! c'est Bob Lantern... le cher garçon!... (*Le secouant.*) Bob Lantern, mon bon compagnon, réveille-toi...

BOB.

Hein?

PADDY.

Tu dors... tandis qu'il y a là, devant le théâtre, une collection de gentlemen et de ladies dont les poches sont pleines... (*En disant ces mots, il déploie un grand foulard et se mouche avec solennité.*)

BOB.

Un beau foulard, capitaine!... Adieu, Gruff... Je me sens mieux, beaucoup mieux! Au revoir! capitaine... Un bien beau foulard!

PADDY.

Suzannah! mon cœur, mélangez-moi pour douze sous de gin avec de l'eau froide, sans sucre...

GRUFF.

Suzannah!

PADDY.

Vous mettrez une idée de citron, Suzannah!

GRUFF, *appelant.*

Suzannah!... Je veux être damné si elle m'entendra!

PADDY.

Gruff, ne jurez pas... J'ai mal aux nerfs, ou que le diable m'emporte! Dieu me punisse! chaque fois que j'entends blasphémer

MISTRESS GRUFF, *reparaissant en même temps que Suzannah, avec colère.*

Eh bien! fainéante... Donnez donc du pain à une malheureuse... Prenez donc chez vous une mendiante; pour vous re mercier, elle mécontentera vos pratiques et ruinera votre établissement.

PADDY.

Mistress Gruff, ma douce amie, du diable si je croyais causer tout ce tapage! Laissez là cette pauvre fille, de par Dieu, je prendrai mon grog dans un entr'acte. Venez, venez. (*A part, en l'entraînant.*) Oh! que vous êtes rouge, et que je vous aime! (*Ils sortent et vont prendre place à la queue, Bob Lantern les observe.*)

SCENE V.

GRUFF, SNAIL, TURNBULL.

SNAIL.

Entrez, Turnbull, mon beau-frère, entrez le premier. Je suis un homme, que diable, et je sais la politesse. (*Entrant.*) Bonjour, père Gruff. Nous venons nous rafraîchir; c'est moi qui paie.

GRUFF.

Bien, mon petit monsieur Snail.

SNAIL, *avec colère.*

Je ne suis pas petit. Je suis plus grand que ma sœur Loo, qui est la femme de Turnbull, et Turnbull est grand.

TURNBULL, *riant.*

C'est clair ça! Voyons, voyons, ne te fâche pas, Snail; il n'a pas voulu t'offenser.

SNAIL.

Alors, qu'il me présente des excuses... Je verrai si je dois les accepter. (*A Turnbull.*) Je te disais donc que je veux te faire un sort, puisque tu es le mari de ma sœur.

TURNBULL, *après qu'on a servi la bière.*

Et quelle place veux-tu me donner, petit Snail?

SNAIL.

Si tu m'appelles petit Snail, beau-frère, je te brise les reins: C'est entendu... je veux te donner un emploi.

TURNBULL.

Et quel emploi veux-tu me donner?

SNAIL.

Sais-tu aboyer, Turnbull?

TURNBULL.

Aboyer?

SNAIL.

Oui. Moi je sais miauler. Écoute. (*Il se met à miauler.*)

TURNBULL.

Miauler, ce n'est pas un métier, cela.

SNAIL.

Ah! ce n'est pas un métier? Combien gagnes-tu à décharger les allèges sur le port?

TURNBULL.

Deux shellings, pardieu! c'est connu.

SNAIL.

Deux shellings, bien... Et combien gagnes-tu dans ton métier de filou?

TURNBULL.

Plus bas, petit drôle!

SNAIL.

Je t'ai déjà dit que je n'étais pas petit, épais coquin que tu es! Voyons, réponds; combien gagnes-tu?

TURNBULL.

C'est selon... Pas grand' chose.

SNAIL, *tirant de l'argent de sa poche.*

Eh bien! moi, voilà ce que je gagne, beau-frère, sans compter les aubaines.

TURNBULL.

A miauler?

SNAIL.

A miauler comme un matou au mois de mars, Turnbull, miauler! c'est un signal; ça sert à avertir les amis; quand tu sauras aboyer, ma protection te vaudra de l'or.

TURNBULL.

C'est convenu... J'aboierai. (*Bruit à la queue.*)

SNAIL, *regardant du côté du théâtre.*

Oh! oh! il y a foule. C'est l'instant... Allons, allons, beau-frère, va rejoindre ma sœur à la maison; elle est malade, la pauvre fille. Tiens, tu lui donneras cela de ma part. (*Il lui donne de l'argent.*) Tiens... encore cela...

TURNBULL, *à part.*

Le petit bonhomme est bien malin; mais il a vraiment un bon cœur. (*Regardant au fond de la cruche.*) Tiens! il en a laissé... comme c'est prodigue ces fils de famille! (*Ils sortent, Turnbull par le fond. Snail vient se mêler à la foule qui entre au théâtre.*)

SCENE VI.

SNAIL, BOB LANTERN, *devant la taverne*, PADDY, MISTRESS GRUFF, *à la queue.*

PADDY, *à mistress Gruff.*

Patience, ma chère mistriss Gruff! patience, Dorothy! encore quelques instants et nous nous prélasserons dans deux bonnes places de galerie que j'ai louées, Dieu me damne, au prix de trois shellings la place.

MISTRESS GRUFF.

Oh! Paddy! oh! monsieur O'Chrane, j'étouffe... Je donnerais six pences pour avoir de l'air.

PADDY.

Où diable prenez-vous que l'air manque ici, Dorothy? il souffle un vent à décorner des bœufs. (*En ce moment, Bob-Lantern, qui s'est placé derrière le capitaine, lui prend son mouchoir.*)

PADDY, *saisissant par derrière la main de Bob.*

Ah! misérable drôle, je t'y prends. Messieurs, arrêtez-moi ce coquin, qui ne sait pas son métier. (*Bob s'esquive.*) Au diable, il s'est échappé. (*A mistress Gruff.*) Dorothy, mon amour, on m'a pris mon foulard. Je l'avais acheté dans Field-Lane, vous savez?

MISTRESS GRUFF.

Je sais que Dieu vous punit, monsieur Paddy, car tous les foulards qu'on vend dans Field-Lane sont des foulards volés... Ah! j'étouffe, j'étouffe, monsieur!

PADDY.

Courage! nous voici arrivés. (*Ils entrent au théâtre.*)

SCENE VII.

BOB, SNAIL, UN POLICEMAN. (*A peine Bob est-il à quelque distance de Paddy, qu'il déploie le mouchoir, le considère, et après l'avoir bien regardé, se mouche gravement dedans.*)

SNAIL, *arrivant.*

Je n'ai pas étrenné... Bonsoir, maître Bob Lantern.

BOB.

Ah! c'est toi, Limaçon? Bonsoir.

SNAIL.

Un joli foulard... compère, un bien joli foulard. (*Snail en se retournant, aperçoit le policeman qui les observe. Aussitôt Snail fait entendre un miaulement et s'éloigne.*)

BOB, *cachant le mouchoir sans se retourner du côté du policeman.*

Snail a miaulé. Je comprends... Juste, un policeman.

LE POLICEMAN, *à Bob.*

Je vous ai vu.

BOB.

Bien charmé de vous rencontrer, monsieur Handcuffs. Je pense que mistriss Handcuffs est en bonne santé, comme je le souhaite. Je vous cherchais depuis huit jours pour vous faire un petit présent. (*Il lui glisse une pièce d'or dans la main.*) Bien le bonsoir, et mes respects sincères à Madame... (*Bob sort par la gauche, Snail le suit.*)

LE POLICEMAN.

Enlevez donc cette barrière... Le service ne se fait pas...

SCÈNE VIII.

DONNOR, *pauvre vieillard vêtu du costume irlandais*, UN PASSANT.

DONNOR, *arrêtant le passant.*

Monsieur... Milord.

LE PASSANT.

Que voulez-vous?... Que demandez-vous? Je suis pressé.

DONNOR.

Monsieur, ayez pitié de ma honte... pardonnez... ma misère ne vous parle-t-elle pas pour moi?

LE PASSANT.

La misère... la misère... Ils n'ont que ce mot-là à la bouche... Adressez-vous à la paroisse.

DONNER.

Mais, monsieur, je suis Irlandais...

LE PASSANT.

Catholique?... Alors que me demandez-vous?... cela ne me regarde pas... (*Il sort. Donnor va s'appuyer dans un coin.*)

SCÈNE IX.

SNAIL, LE POLICEMAN, DONNOR, *à l'écart. Snail arrive sur le devant de la scène, déploie le foulard qu'avait Bob Lantern, et après l'avoir bien examiné, il se mouche dedans.*

LE POLICEMAN, *arrivant doucement derrière Snail.*

Je vous ai vu...

SNAIL, *à part.*

Pincé! (*Haut.*) Monsieur Handcuffs. (*Il salue et met la main à sa poche.*) Madame se porte bien?... Ma foi, tout bien considéré. (*Il lui jette le foulard*) prenez-le... Au revoir, monsieur Handcuffs... au revoir. (*Il se sauve par le fond.*)

LE POLICEMAN, *examinant le mouchoir.*

Un joli foulard! (*Il le met dans sa poche et s'en va.*)

SCÈNE X.

PADDY, MOORE, DONNOR, *au fond.*

PADDY, *sortant du théâtre, puis s'arrêtant tout à coup.*

Où trouverai-je des oranges?... Mistress Gruff, mon amour, que le diable vous emporte, vous et vos caprices!

MOORE, *derrière Paddy, lui parlant les mains sur les épaules.*

Je vous défends de vous retourner pour me voir.

PADDY.

Le mot?

MOORE.

Gentilhomme de la nuit.

PADDY.

Je suis immobile.

MOORE.

Connaissez-vous lady Brompton?

PADDY.

Je la connais; c'est la maîtresse de l'ambassadeur russe, le prince Dimitri Tolstoï.

MOORE.

Bien... Si elle vient ce soir au théâtre, vous trouverez moyen de vous approcher d'elle, sous un prétexte quelconque, entre le troisième et le quatrième acte... Vous examinerez quelle est sa parure... vous irez aussitôt prévenir un homme qui vous attendra au foyer et qui vous dira le mot... Vous ferez ce qu'il vous commandera...

PADDY.

Oui, milord... Est-ce tout?

MOORE.

Non... il vous faut un second.

PADDY.

Je trouverai cela.

MOORE.

Un homme adroit...

PADDY.

Une anguille... Soyez sans inquiétude, milord... mais qu'en ferai-je?...

MOORE.

L'homme du foyer vous donnera vos instructions... Allez tout de suite chercher votre second... Il attendra à la porte du théâtre; mais d'abord laissez-moi le temps de m'éloigner... ne vous retournez pas... (*Moore ôte ses mains de dessus les épaules de Paddy, et se dirige du côté du cabaret, où il entre.*)

PADDY, *immobile.*

Du diable si je ne donnerais pas un shelling ou deux pour voir la figure de ce mystérieux coquin que je respecte, comme c'est mon devoir... Toujours des secrets... Ah! si je ne savais pas nos chers maîtres plus puissants qu'il ne faut pour me faire pendre, je trouverais bien moyen de voir clair en tout ceci... Milord, milord, êtes-vous parti? (*Regardant autour de lui.*) Personne... Maintenant, il s'agit d'obéir... Un homme adroit! du diable si c'est difficile à trouver à cette heure aux environs du théâtre du roi... mais un homme sûr, c'est autre chose. Il y a mon vieil ami Bob qui volerait la langue d'une femme bavarde avant qu'elle eût le temps de dire : Seigneur Dieu! C'est, sur ma foi, la vérité pure... Mais dites-lui donc de rapporter la langue ou toute autre chose qu'il aurait volée, autant vaudrait redemander mon foulard à monsieur Handcuffs... (*En ce moment le policeman se mouche dans le foulard de Paddy.*) Je sais où il est, mon foulard... je suis fixé... il est entre les mains de la justice... Quant à Snail, l'aimable enfant est assurément le plus malin garnement que je connaisse... mais c'est bien jeune... Bah! va pour Snail... Mais que dira mistriss Gruff en ne me voyant pas revenir?... Je me figure la rage affreuse de cette douce colombe...

SCÈNE XI.

DONNOR, MOORE, FANNY, *puis* FRANK PERCEVAL.

DONNOR, *regardant Paddy qui sort.*

Je n'ai rien osé demander à cet homme... Allons, allons, du courage! il faut faire encore une tentative... mais celle-là sera la dernière.

MOORE.

Cet imbécile est parti... je puis partir à mon tour... Il ne comprend pas l'ordre que je lui ai donné... je ne comprends pas celui qu'on m'avait donné...

FANNY, *mystérieusement.*

Sir Edmond Moore?

MOORE.

Qu'y a-t-il?

FANNY.

Je vous défends de vous retourner pour me voir.

MOORE.

Allons! bon! moi aussi... mais...

FANNY.

M'entendez-vous?... lady de la nuit...

MOORE.

Ah! fort bien! mais, belle dame, une lady, fût-elle de la nuit, ne donne que des conseils à un gentilhomme de la nuit... elle ne lui donne pas d'ordres.

FANNY.

Connaissez-vous ceci?

MOORE.

Le cachet de Sa Seigneurie, le lord... Ah! c'est différent!

FANNY.

Cela vous suffit, n'est-ce pas?

MOORE.

Parfaitement... Que souhaitez-vous?

FANNY.

Le conseil a besoin d'une jeune fille, belle, malheureuse, obéissante.

MOORE.

Belle, cela se trouvera... Pauvre, ce n'est pas rare... Obéissante, c'est plus difficile...

FANNY.

Je ne vous ai pas dit pauvre, sir Edmund... j'ai dit malheureuse. On peut être fier et indocile dans sa pauvreté; mais le malheur rend obéissant, monsieur!

MOORE.

Je chercherai, madame.

FANNY.

J'ai trouvé pour vous.

MOORE.

Ah!

FANNY.

Regardez cette taverne.

MOORE.

La taverne du roi Georges?

FANNY.

La jeune fille dont nous avons besoin est là.

MOORE.

Elle se nomme...

FANNY.

Suzannah... C'est une servante.

MOORE.

Puisque le sujet est trouvé par vous, milady, en quoi puis-je servir le conseil?

FANNY.

Il faut que cette jeune fille soit des nôtres dès ce soir... Vous êtes un homme adroit, très-adroit, monsieur Moore... Gagnez-nous Suzannah ce soir même. Voilà ce que veut de vous le conseil...

MOORE.

Les moyens?

FANNY.

Je vous ai dit qu'elle est malheureuse, j'ajouterai qu'elle a du cœur. Pour un homme adroit, n'est-ce pas assez?

MOORE.

C'est plus qu'il n'en faut.

FANNY.

A l'œuvre donc!

MOORE.

Je suis esclave du conseil de la nuit. Milady n'a plus rien à me recommander?

FANNY.

Ne vous retournez pas jusqu'à ce que j'aie gagné ma voiture...

MOORE.

Quand donc serai-je le maître pour comprendre seul ce que feront les autres?

DONNOR.

La charité, s'il vous plaît ?

MOORE.

J'ai mes pauvres. (*Il sort.*)

DONNOR, *à Perceval qui entre.*

Votre Honneur ! votre Honneur !

PERCEVAL.

Que voulez-vous ?

DONNOR.

Oh ! ne vous fâchez pas... j'ai faim !

PERCEVAL.

Bien vrai?

DONNOR.

Oh !

PERCEVAL.

Alors, vous êtes un honnête homme !

DONNOR.

Pourquoi cela ?

PERCEVAL.

Parce que, à Londres, où tout vice peut devenir un métier, il faut être honnête homme pour mourir de faim.

DONNOR.

Eh bien ! alors, je suis honnête... car je meurs... je meurs de faim !

PERCEVAL.

Ce mot fait mal à entendre... entrons ! (*Ils entrent dans la taverne. — A Gruff.*) Servez à cet homme quelque chose pour manger...

GRUFF.

Tout de suite, votre Honneur !

PERCEVAL.

Faites en sorte que nous restions seuls un moment, si c'est possible...

GRUFF.

C'est très-possible, milord. (*Il sort.*)

PERCEVAL.

Mettez-vous là... mangez peu d'abord... Quelle détresse !... Non ! on ne soupçonne pas que de pareilles misères puissent exister... Tenez, brave homme... buvez... Comment vous trouvez-vous ?

DONNOR.

Tout à fait bien... merci !

PERCEVAL.

Qui êtes-vous ?

DONNOR.

Je suis Irlandais, et je me nomme Donnor d'Arleigh... Mon histoire n'est pas longue, milord. Nous autres Irlandais, voyez-vous, nous avons la passion de venir à Londres, et Londres nous tue.

FRANK.

Mais qui vous forçait à y venir?

DONNOR.

Hélas ! milord, je n'avais plus rien à aimer là-bas... et j'ai deux filles à Londres... L'une qui doit être grande et forte maintenant; l'autre, encore toute jeune... Ma belle Suzannah et ma pauvre petite Clary !... Vous ne savez pas ce qu'est la misère chez nous, milord !... Un jour, il y a bien longtemps, notre Suzannah prit sa petite sœur par la main et s'agenouilla devant nous... Il y avait une colonie d'Irlandais qui partait pour Londres... Suzannah nous demanda notre bénédiction, et nous l'embrassâmes en pleurant... J'aurais bien voulu la retenir, car c'était notre consolation et notre joie... Mais il n'y avait pas de pain dans la cabane... Elle partit... à pied... avec Clary dans ses bras... avec Clary, la pauvre petite enfant !...

PERCEVAL.

Et pourquoi ne pas les avoir suivies?

DONNOR.

Ma femme Hélène était si faible !... elle avait déjà la fièvre qui l'a tuée...

PERCEVAL.

Continuez, brave homme.

DONNOR.

Dans les premiers temps, nous recevions des nouvelles... Suzannah avait appris bien vite à écrire pour nous consoler, pour nous parler de sa Clary, qu'elle protégeait comme une mère... Il paraît qu'elle gagnait beaucoup en travaillant, car elle nous envoyait une demi-guinée dans chaque lettre, et grâce à elle, ma pauvre femme est morte sur un matelas de laine... Mais depuis un an, le malheur est tombé sur notre fille, sans doute, car elle n'a rien envoyé en Irlande... peut-être a-t-elle écrit encore; mais après la mort de ma femme, le désespoir m'a pris... la vue de la cabane déserte me brisait le cœur... Je me suis enfui... Où? je ne sais pas... Je crois bien que j'ai été fou.

PERCEVAL.

Pauvre homme !

DONNOR.

Je regrette ce temps là... c'était comme un sommeil... Je ne me souvenais plus... mais le réveil est arrivé. Quand la mémoire m'est revenue, je n'ai senti qu'un désir en moi : venir à Londres, où sont mes deux enfants... Londres est bien loin, milord, et je n'avais rien pour faire le voyage... J'ai souffert... Oh ! quelles nuits cruelles et quelles longues journées !... Bien des fois, je suis tombé anéanti sur le bord du chemin... Bien des fois, j'ai cru que je mourrais avant d'avoir atteint le terme de ma route ; mais Dieu n'abandonne pas tout à fait les malheureux, puis qu'enfin me voila parvenu à Londres, où déjà il me donne un bienfaiteur, en attendant qu'il me rende mes deux enfants.

PERCEVAL.

Vous savez où les trouver?

DONNOR.

Si je le savais, serai-je ici ?...

PERCEVAL.

Tenez, voici ma carte... revenez me voir. Vous chercherez vos filles, et en attendant vous ne manquerez de rien chez moi.

DONNOR.

Oh ! merci ! Oh ! le bon gentleman ! Oh ! le brave cœur, qui a eu pitié de moi ! Que la Vierge et mon saint patron vous protégent ! Veillez sur lui, mon Dieu, et sur mes filles !

SCÈNE XII.

TROIS BUVEURS *entrent chez Gruff.* QUELQUES PERSONNES *sortent du théâtre,* MISTRESS GRUFF *sort aussi; elle paraît de très-mauvaise humeur.* QUELQUES HOMMES *entrent dans la taverne.*

MISTRESS GRUFF, *dehors, appelant.*

Capitaine Paddy !... capitaine !... Il n'y est pas ! Laisser une femme toute seule au spectacle, exposée aux attentions du premier venu !... et sous le prétexte d'aller chercher des oranges !... C'est choquant !...

UN BUVEUR, *à Gruff.*

Mais je vous dis que tout à l'heure vous ne m'avez pas rendu ma monnaie.

GRUFF.

Si.

LE BUVEUR.

Non. (*Tumulte, commencement de querelle.*)

MISTRESS GRUFF, *rentrant dans la taverne,*

Qu'y a-t-il? qu'y a-t-il?

GRUFF.

Ma femme !... Rien; ce n'est rien, ma bonne amie... une erreur.

MISTRESS GRUFF.

Une erreur, de qui?...

GRUFF, *timidement.*

C'est Suzannah, je crois.

MISTRESS GRUFF.

Suzannah ! toujours Suzannah !

SUZANNAH, *à Gruff.*

Oh! monsieur...

MISTRESS GRUFF, *à Suzannah.*

Eh bien ! parlerez-vous?... Ferez-vous au moins des excuses?... (*Suzannah se tait. La menaçant.*) Parlerez vous?... (*Suzannah prend une pose de résignation douloureuse.*)

GRUFF.

Dorothy... calmez-vous ! il y a du monde !...

MISTRESS GRUFF.

Me calmer! me calmer! Je vais donc recevoir des leçons pour cette fille-là, maintenant!... Ah! tu troubles mon ménage, misérable!... (*Elle la frappe, Suzannah recule avec le feu de la colère dans le regard. Après un moment d'hésitation, Suzannah sort lentement sans rien dire.*)

UN BUVEUR, *à mistriss Gruff.*

C'est égal, si nous n'avons pas notre compte, nous... vous avez bien manqué de recevoir le vôtre, vous!... (*Il s'en va avec les autres. Moore paraît au fond du théâtre.*

SCENE XIII.

MOORE, SUZANNAH. (*Suzannah, après avoir fait quelques pas, s'arrête au milieu du théâtre; elle a la tête baissée; en passant près d'elle, les hommes de la taverne la considèrent un instant; mais sur l'invitation de l'un deux, ils s'éloignent. Lorsqu'ils se sont éloignés, Moore s'approche de Suzannah.*)

MOORE, *l'appelant à voix basse.*

Suzannah! — Suzannah!

SUZANNAH, *tressaillant.*

Qui m'appelle? (*Levant la tête et regardant Moore.*) Que voulez-vous?

MOORE.

Je vous veux du bien, Suzannah... Ayez confiance en moi... Où allez-vous?

SUZANNAH.

Où je vais?

MOORE.

Oui!

SUZANNAH.

Je vais... à la Tamise!

MOORE.

A la Tamise!... Pourquoi, mon enfant, pourquoi?

SUZANNAH.

Parce que je n'ai ni espoir pour l'avenir ni asile pour le présent!...

MOORE.

Je vous donnerai un asile, Suzannah... et je vous rendrai l'espoir!

SUZANNAH.

Bien souvent des hommes sont venus vers moi pour me parler ainsi... Ils voulaient m'acheter... Vous êtes comme eux, sans doute!... Je ne suis pas à vendre!...

MOORE.

A Dieu ne plaise, ma fille!

SUZANNAH.

Ne me donnez pas ce nom, je ne veux pas penser à mon père! (*Elle redescend la scène.*)

MOORE.

Ah! vous avez votre père?

SUZANNAH.

Un pauvre homme qui souffre... J'ai une sœur aussi... une pauvre enfant qui sera seule sur la terre... Ne parlons pas d'eux, cela me déchire le cœur...

MOORE.

Et vous songez à les abandonner... Vous ne les aimez donc pas?

SUZANNAH.

Mon Dieu! mon Dieu!—mais que puis-je pour eux désormais? Ma sœur est placée chez une marchande de la Cité... Quand cette femme la verra sans appui en ce monde, elle l'aimera, ma pauvre petite Clary... Vivante, je ne puis plus rien pour elle, et en mourant j'assure son sort... Laissez-moi, je veux mourir!...

MOORE.

Et si vous pouviez tout pour votre mère... pour votre sœur?

SUZANNAH.

Oh! mon père! ma sœur!

MOORE.

Si l'on vous donnait pour eux l'aisance... la ortune

SUZANNAH.

Mon Dieu! mon Dieu!

MOORE.

Eh bien?

SUZANNAH.

Non!... Il y en a déjà tant qui m'ont parlé ainsi... Non! je ne peux pas! je ne veux pas! Laissez-moi! ah! laissez-moi! vous dis-je!...

MOORE.

Vous êtes libre, Suzannah!... (*Il s'éloigne.*)

SUZANNAH, *se croyant seule.*

Un dernier adieu... à mon père... à Clary... et à lui... (*Elle écrit.*) On retrouvera cela sur mon cœur... (*Moore reparaît et arrache le papier des mains de Suzannah.*) Que faites-vous? monsieur?...

MOORE.

Vous me trompiez... Votre père et votre sœur n'occupent pas seuls votre pensée... Vous aimez...

SUZANNAH.

Eh bien! oui! j'aime... J'aime un homme dont je ne sais même pas le nom... mais il est bien haut, moi bien bas... si bas que dans mon obscurité il ne m'a jamais distinguée! si bas, que dans l'impuissance où je suis de monter jusqu'à lui, ce que j'ai de mieux à faire, c'est de me baisser encore... de me baisser jusqu'à l'eau qui coule sous le pont de Londres... et de mourir!... (*En ce moment, une élégante calèche s'arrête devant le théâtre; un domestique en livrée vient ouvrir la portière au-devant d'un jeune homme qui sort du théâtre.*)

SUZANNAH, *poussant un cri.*

Ah! lui!

MOORE.

C'est lui... (*S'arrêtant.*) Ainsi, voilà l'homme que vous aimez?

SUZANNAH.

Oui...

MOORE, *la retenant.*

Il y a, en effet, entre vous et cet homme une grande distance! Suzannah!

SUZANNAH.

Un abîme! adieu!...

MOORE.

Attendez... Si je comblais cet abîme?

SUZANNAH.

C'est impossible!

MOORE.

Je puis le combler...

SUZANNAH.

Vrai?

MOORE.

Je le puis...

SUZANNAH

Qu'exigez-vous de moi?

MOORE.

Votre volonté!

SUZANNAH

Ma volonté?

MOORE.

Oui... Écoutez bien: Je vous veux, non pas pour moi qui suis faible, mais pour une association qui est terrible et forte... Je vous connais mieux que vous ne vous connaissez vous-même, et je sais ce que vous pouvez... Silence sur notre rencontre... Fidélité, obéissance passive, voilà vos devoirs. Prenez ceci... prenez... Demain à midi, frappez à la porte indiquée sur cette carte... (*Il lui remet une carte.*) La porte s'ouvrira... vous entrerez et vous ordonnerez... car cette maison sera la vôtre!

SUZANNAH.

Et je reverrai mon père, ma sœur?... Et ils seront riches, heureux?...

MOORE.

Vous les reverrez... ils seront riches... heureux...

SUZANNAH.

Et lui? lui?... (*Rio-Santo monte en voiture.*)

MOORE.

Lui!... Demain vous le verrez à vos genoux... Adieu! Suzannah, adieu! (*La voiture passe devant Suzannah, qui reste immobile. Un flot de spectateurs sort du théâtre. Moore s'éloigne. — La toile baisse.*)

DEUXIÈME TABLEAU.

La maison de la princesse de Longueville.

SCENE I.

LA MAUDLIN, JANE, SUZANNAH. (*Maudlin emmitouflée bizarrement dans une douillette de soie à ramages, prend le thé au coin du feu.*

LA MAUDLIN, *frissonnant.*

Qu'il fait froid dans ce pays d'Angleterre!... Comme ce feu de houille est triste et déplaisant à voir!... Si j'étais la reine, je vendrais mes trois royaumes pour acheter un hôtel à Paris. (*Jane entre.*) Mme la princesse est habillée?

JANE.

Oui, madame; la voici.

LA MAUDLIN.

C'est bien; laissez-nous. (*Suzannah entre richement costumée. La Maudlin la lorgne.*) Belle!... très-belle! Mon ange, vous savez que vous êtes chez vous...

SUZANNAH, *froidement.*

Je le sais.

LA MAUDLIN, *étonnée.*

A la bonne heure... Et comment trouvez-vous votre maison?

SUZANNAH, *promenant son regard autour de la chambre avec calme.*

Bien.

LA MAUDLIN.

A merveille!... Vous jouez votre rôle à ravir, ma chère enfant... j'aurai peu de chose à vous apprendre... Savez-vous comment vous vous appelez?

SUZANNAH.

Non.

LA MAUDLIN.

Vous êtes ma nièce... Je suis la duchesse douairière de Gesvres... J'ai quitté la France, ma mignonne, parce que la cour bourgeoise de 1830 me donnait mal aux nerfs... Votre mari, le prince Philippe de Longueville, mon malheureux neveu, est mort à la fleur de l'âge, et vous le pleurez depuis un an... Comprenez-vous?

SUZANNAH.

Oui.

LA MAUDLIN.

Quels beaux yeux vous avez, madame la princesse Suzanne de Longueville! (*Suzannah se lève. La Maudlin lui prend la main d'un air caressant.*) Puisque vous êtes ma nièce et que je suis votre tante, nous devons nous aimer beaucoup... La loi de nature est formelle à cet égard... M'aimerez-vous, Suzannah?

SUZANNAH, *retirant sa main.*

Je ne sais.

LA MAUDLIN.

Je suis si douce et si bonne!... et je vous aimerai tant, moi!...

SUZANNAH, *soupirant.*

Personne ne m'a jamais aimée...

LA MAUDLIN, *tout bas.*

Pas même celui qui sourit ou qui rêve au fond du cœur de toute jeune fille?

SUZANNAH, *tristement.*

Non.

LA MAUDLIN, *étonnée.*

Vous, si belle!... (*Changeant de ton.*) Mais parlons affaires, ma fille...

SUZANNAH, *l'interrompant.*

Soit: je vous appartiens, j'obéirai. Mais on m'a dit qu'on me rendrait mon père, qu'on me rendrait ma sœur; — où sont-ils? On m'a promis de les faire riches, heureux. Mon obéissance est à ce prix, ne l'oubliez pas.

LA MAUDLIN.

Patience!... patience!... (*A part.*) Peste! madame la princesse!... (*Haut.*) Ce qu'on vous a promis, on l'accomplira: vous avez affaire à des hommes qui tiennent Londres dans leurs mains... Si vous les servez fidèlement, vous serez heureuse. (*Elle prend un journal et le lit à distance à l'aide de son binocle.*)

SUZANNAH, *les yeux au ciel.*

Heureuse!...

LA MAUDLIN, *avec emphase.*

Ils peuvent tout! Quant à votre père, il est en Irlande: il faut le temps de l'appeler près de vous... Pour votre sœur, c'est autre chose... elle va venir.

SUZANNAH.

Et... lui?...

LA MAUDLIN.

Ah! oui!... Lui! — (*Elle se lève.*) Vous voyez bien qu'il existe... Lui! — Ah çà! nous aimons donc beaucoup?... Ne rougissez pas! Je connais cela. On a eu ses quinze ans, tout comme une autre... ma nièce. Je me souviens d'avoir aimé un jeune garçon, que je trouvais beau comme Apollon... Au bout d'un temps raisonnable, — trois semaines ou un mois, — quand je ne l'aimai plus, je m'aperçus qu'il avait de gros yeux insipides, des cheveux rouges et une tournure de tambour-major... Votre demi dieu...

SUZANNAH, *interrompant avec hauteur.*

Ne raillez pas, madame!

LA MAUDLIN, *presque interdite.*

Je n'ai pas voulu vous offenser, ma toute belle!... (*A part.*) Peste! quel air de reine!... (*Elle remonte à la cheminée. Haut.*) Je m'en fie à votre goût... il doit être parfait... Mais quel est le nom de celui qui doit venir?

SUZANNAH.

Édouard.

LA MAUDLIN.

Édouard qui?...

SUZANNAH.

Je l'aime sous ce nom, et je ne lui en sais point d'autre.

LA MAUDLIN.

Vous lui avez parlé?...

SUZANNAH.

Jamais...

LA MAUDLIN, *souriant.*

Les jeunes filles!... les jeunes filles!... (*On frappe à la porte. A Jane, qui passe.*) Qui frappe?

JANE.

Une jolie enfant, conduite par une vieille femme.

SUZANNAH.

C'est ma sœur!...

LA MAUDLIN, *à Jane.*

Faites entrer... vite... vite...

JANE.

La voici...

SCÈNE II.

LA MAUDLIN, SUZANNAH, CLARY, LA MÈRE JACOBS.

CLARY.

Ma sœur, ma sœur!...

SUZANNAH.

Ma Clary, mon enfant bien aimée. (*A la Maudlin.*) Merci... madame... merci... (*A la vieille femme.*) Asseyez-vous, mère Jacobs.

CLARY.

Eh bien! méchante sœur, que me disais-tu donc hier que nous serions longtemps sans nous revoir?... C'était pour me tourmenter, n'est-ce pas? tu voulais me ménager une surprise?

SUZANNAH.

Non... je n'ai pas voulu te tromper, ma Clary... je ne trompe jamais, vois-tu?— Quand je ne dis pas la vérité, toute la vérité, c'est que... (*regardant la Maudlin, qui lui lance un coup d'œil significatif.*) C'est que cela ne se peut pas.

CLARY, *regardant.*

Mais comme te voilà belle! et comme c'est gentil ici!... Quelle différence avec ta vilaine auberge du roi Georges, où tu étais si mal!... C'est à toi tout cela?

LA MAUDLIN.

Oui... tout cela est à mademoiselle... non, à madame la...

SUZANNAH, *à la Maudlin.*

Oh! respectez cette enfant... pas de mensonge devant elle!

CLARY, *emmenant sa sœur à l'écart.*

Dis donc, bonne sœur, est-ce que cette dame-là a le droit de te faire du chagrin, comme la femme de l'hôtel là-bas?...

SUZANNAH.

Non, ma Clary, non; personne n'a le droit de maltraiter ta sœur... Et si quelqu'un osait s'arroger ce droit, il me resterait encore la suprême ressource que j'étais sur le point d'invoquer hier...

CLARY.

Quelle ressource, ma sœur?

SUZANNAH, *l'embrassant.*

Ne pensons plus à tout cela... Parlons de toi... parlons de notre pauvre père...

CLARY.

Oh! oui... parlons de notre père!

SUZANNAH.

Il va venir...

CLARY.

Ici?...

SUZANNAH.

Oui... ici.

CLARY.

Aujourd'hui? tout de suite?

SUZANNAH.

Ah! tout de suite... Folle! ne faut-il pas le temps du voyage? C'est bien loin, l'Irlande!... et bien loin aussi notre pauvre village d'Arleigh.

CLARY.

Qu'il me tarde d'embrasser notre père! C'est que je ne le connais pas... Est-il bien beau, dis, sœur?

SUZANNAH.

Il est bien bon! Mais, sais-tu, Clary?... Tu vas entrer dans un pensionnat ..

CLARY.

Quoi! nous séparer encore!

SUZANNAH.

Il le faut, ma Clary... Voyons, ne t'afflige pas. Ne seras-tu pas bien aise de ne pas être une ignorante?... Ne serais-tu pas heureuse de pouvoir écrire à notre père, s'il nous quittait encore?

CLARY.

Lui écrire! à notre bon père!... et à toi aussi, Suzannah?

SUZANNAH.

A moi aussi. — Et puis j'irai te voir souvent...

CLARY.

Et lorsque tu ne viendras pas, je t'écrirai... tous les jours.

SUZANNAH.

C'est cela. (*A part.*) Excellent petit cœur! (*On frappe.*)

LA MAUDLIN, *à Suzannah.*

On frappe en bas... embrassez votre sœur...

SUZANNAH.

Adieu, ma sœur; adieu, mère Jacobs, au revoir!

JANE, *annonçant.*

M. Édouard!

SUZANNAH.

Ciel

SCENE III.

LES MÊMES, RIO-SANTO. (*La mère Jacob emmène Clary, qui passe devant Rio-Santo en le regardant avec curiosité; Suzannah reconduit sa sœur avec un embarras visible et sans oser lever les yeux sur Rio-Santo.*)

RIO SANTO.

Quelle est cette jeune fille?

LA MAUDLIN, *sur l'avant-scène, à Rio-Santo.*

C'est la petite sœur...

RIO SANTO.

Ah!... Laissez nous... (*La Maudlin sort.*)

SCENE IV.

RIO-SANTO, SUZANNAH. (*Suzannah revient à pas lents en scène et la tête toujours baissée. Moment de silence.*

RIO-SANTO, *s'agenouillant devant Suzannah, lui baise la main, se relève et conduit Suzannah sur un siége; il va poser son chapeau sur une chaise dans le fond, puis revient s'appuyer sur le dossier du siége et dit :*

Vous êtes belle, madame! vous êtes bien belle!... (*Suzannah relève doucement la tête et pose son regard sur celui de Rio-Santo. Après un nouveau silence, il continue :* On m'a dit que vous m'aimiez... Répondez-moi... Est-ce vrai?

SUZANNAH.

Je vous aime!...

RIO-SANTO, *à part.*

C'est étrange!...

SUZANNAH.

A votre tour, regardez-moi...

RIO-SANTO.

Je vous regarde et je vous admire... C'est étrange! — Pourquoi vous ai-je vue?...

SUZANNAH.

Un regret!... Déjà!

RIO-SANTO.

Je ne veux pas aimer, madame!... et malgré moi... peut-être...

SUZANNAH, *joignant les mains.*

Ecoutez!... Un mois... une semaine. . un jour... Que Dieu me donne un jour de votre pensée, et je le bénirai à ma dernière heure!

RIO-SANTO.

Savez-vous ce que je puis donner de mon cœur à une femme? Savez-vous que mes nuits et mes jours appartiennent à une œuvre mystérieuse où je prodigue ma force et mon intelligence, toutes les ardeurs de mon âme, toutes les puissances de ma volonté?... Que vous restera-t-il?

SUZANNAH.

Un sourire aujourd'hui... Demain, un souvenir peut-être!

RIO-SANTO.

Vous êtes belle! Et votre cœur est beau comme votre visage!

SUZANNAH.

Mon cœur!... Je l'ai senti le jour où je vous ai vu pour la première fois... Mon cœur, c'est vous!... Il n'y a rien dans mon cœur que votre image et l'écho de votre voix, milord!

RIO-SANTO.

Oh! je le vois bien! vous voulez qu'on vous aime! (*Il lui baise la main.*) Votre nom?

SUZANNAH.

Suzannah.

RIO-SANTO.

Je ne l'oublierai plus. Mais où m'avez-vous vu?

SUZANNAH.

Chez un homme riche et tristement célèbre... dont j'ai été la servante... Il demeurait dans Goodman's Fields... et se nommait Ismaïl Spencer...

RIO, *se reculant; il se lève.*

Ismaïl, le juif!

SUZANNAH.

Ismaïl le faussaire, milord! qui a été tué par le bourreau devant Newgate!

RIO-SANTO.

Ismaïl!... Il avait une fille qu'on appelait *la Syrène*...

SUZANNAH.

C'est moi qui étais *la Syrène*, milord... Ismaïl me faisait passer pour sa fille...

RIO-SANTO.

Vous!... On disait que par un trafic infâme...

SUZANNAH.

Milord, je suis une pauvre fille et vous êtes bien au-dessus de moi... mais je vous ai regardé sans rougir!

RIO-SANTO.

Je vous crois!... Comment ne pas vous croire?... Il faut que je sache qui vous êtes... Tant de femmes m'ont aidé à tresser cette longue guirlande d'amour qui est ma vie!... Tant de femmes belles et dignes d'être adorées!... Et vous êtes la première femme devant qui mon cœur s'étonne!... Je ne sais ce que j'éprouve, mais je ne veux pas franchir en aveugle le seuil du temple inconnu... Les rois ne s'enivrent pas avant que la liqueur ne soit éprouvée! Suzannah... je veux voir votre âme toute entière...

SUZANNAH.

Et vous serez mon juge!...

RIO-SANTO.

Je serai notre conscience!... (*Ils vont s'asseoir.*)

SUZANNAH.

Il y a bien longtemps que je n'ai regardé en arrière... Quand j'éclaire ma mémoire, j'y trouve tant de larmes et si peu de joie! Mais je suis à vous, milord, dans le passé comme dans le présent... (*Elle se recueille.*) En arrivant d'Irlande, pauvre, abandonnée, les yeux pleins de larmes, avec ma Clary encore toute enfant, le hasard m'ouvrit les portes de la maison d'Ismaïl...

RIO-SANTO.

Un ange dans cet enfer!

SUZANNAH.

J'étais servante, et cependant Ismaël me fit apprendre la musique et la danse avec des maîtres, juifs comme lui, qui avaient ordre de ne point répondre à mes questions... J'appris aussi les langues du continent... Nous fîmes de longs voyages, et je ne vis rien, sinon des juifs qui parlaient de millions... Pendant ces voyages, Ismaïl me désignait comme étant sa fille... Moi, je ne l'en empêchais pas, car il envoyait de l'argent à mes pauvres parents... et il avait soin de ma sœur... Seulement, je ne l'appelais pas mon père...

RIO-SANTO.

Après?

SUZANNAH.

Quand nous revenions à Londres, Ismaïl montait tout en haut de la maison, et sculptait des empreintes mystérieuses pour moi... J'avais seize ans... Ismaïl me dit un jour : « Suky, vous » voilà grande. Vous êtes une dame désormais... Depuis que » vous êtes ici, vous et votre famille, vous m'avez coûté beaucoup d'argent... Il faut que vous me le rendiez!... — Je n'ai » rien! lui répondis-je... — Vous avez une fortune, miss Su» zannah, poursuivit-il, une fortune dans vos grands yeux qui

» savent déjà ou brûler ou languir... une fortune dans votre taille » souple et charmante... une fortune dans vos cheveux noirs qui » tombent sur vos joues pâles en longs anneaux de soie... » — Je ne comprenais pas...

RIO-SANTO, *se levant.*

Oh! le misérable!...

SUZANNAH.

Il est mort... Vous savez peut-être, milord, qu'Ismaïl tenait une maison de jeu dans Golden square... Tout ce que Londres contient de riches seigneurs se réunissait dans ses salons... Y êtes-vous allé?

RIO-SANTO.

Jamais!

SUZANNAH.

Un soir, Ismaël prit ma harpe sur ses épaules, et l'on me mit en voiture... Nous allions à la maison de Golden square! Dans le principal salon, une estrade était dressée.. Je m'assis sur mon trône... Ma harpe d'or était à mes pieds... Autour de l'estrade, une gaze épaisse était tendue... On ne me voyait qu'à travers un nuage...

RIO-SANTO,

Et vous aviez de riches habits, Suzannah?

SUZANNAH, *baissant la tête.*

Ayez pitié de moi, milord!...

RIO-SANTO.

Pitié!... pourquoi?

SUZANNAH.

Parce que les paroles s'arrêtent dans ma poitrine?... Je veux tout vous dire et je ne peux pas...

RIO-SANTO.

Continuez... continuez... Suzannah!

SUZANNAH.

Ismaël m'ordonna de chanter... je chantai!

RIO-SANTO.

Ah!

SUZANNAH.

Je chantai... La salle éclata en bravos!... Je ne souffrais pas! Ils applaudissaient un corps inanimé! ils adoraient une statue!

RIO-SANTO.

Et vous revîntes le lendemain?

SUZANNAH.

Oui, milord!

RIO-SANTO.

Rien en vous n'avait parlé?

SUZANNAH.

Rien!

RIO-SANTO.

Pas même la honte?

SUZANNAH.

Je n'avais pas de honte!

RIO-SANTO.

C'est étrange!

SUZANNAH.

Le lendemain, je m'assis à la même place... Ismaïl me dit encore de chanter... mais cette fois, mes doigts tremblèrent sur les cordes de ma harpe... ma voix s'éteignit dans ma poitrine, étouffée par les larmes!...

RIO-SANTO.

Des larmes?...

SUZANNAH.

Je me sentais mourir.

RIO-SANTO.

Qui donc vous avait appris?...

SUZANNAH, *doucement.*

J'avais vu..... un homme..... Je l'avais vu un instant, un seul instant, à travers les carreaux de la chambre d'Ismaïl. Que je le trouvai fier, milord!... et quelle angoisse inconnue serra mon pauvre cœur! J'étais femme... un bandeau tombait de mes yeux. Désormais, j'avais un bouclier contre les desseins d'Ismaïl. Cet homme était là mon gardien et mon défenseur. A son insu, il me sauvait d'un mal... à son insu, il éclairait mon ignorance funeste!... C'est Dieu qui m'a donnée à lui, car sa vue seule a mis la lumière dans ma nuit profonde... car c'est lui qui m'a enseigné la pudeur!

RIO-SANTO, *se levant.*

Et cet homme?...

SUZANNAH.

C'était vous, milord.

RIO-SANTO, *il lui baise la main avec passion.*

Suzannah!... continuez.

SUZANNAH.

On m'emporta évanouie; je ne retournai jamais à la maison de Golden square, oh! jamais!

RIO-SANTO.

Mais il y a un an que le juif est mort... depuis ce temps, qu'êtes-vous devenue?

SUZANNAH, *comme s'éveillant.*

J'ai souffert.

RIO-SANTO.

Et personne ne vint à votre secours?

SUZANNAH.

Une fois, une seule fois, j'ai pu dire merci du fond de mon cœur. C'était une belle jeune fille, dans le quartier des nobles, non loin du parc du Régent... Je pensais à mon père, à ma sœur, tous les deux sans ressources. Je souffrais tant que je n'avais plus de larmes. La jeune fille descendit de sa voiture et vint à moi. Je ne sais pas son nom, mais je prie Dieu pour elle chaque soir. Elle me donna sa bourse : elle fit mieux que cela, elle m'embrassa au front, moi, la pauvre fille, et me jeta son adresse en me disant d'aller lui parler.

RIO-SANTO.

Eh bien, qu'en avez-vous fait?

SUZANNAH.

Je la perdis, un jour que je vous regardais passer, milord, dans votre équipage.

RIO-SANTO.

Pauvre Suzannah!

SUZANNAH.

Que vous dirai-je encore? De misère en misère, je suis tombée jusqu'à l'auberge du roi Georges.

RIO-SANTO.

Cela, je le sais, Suzannah!

SUZANNAH.

Quoi! vous savez?... Savez-vous aussi qu'à l'hôtel du roi Georges, il se dit d'étranges choses, et que...

RIO-SANTO.

Je ne sais rien..... Je ne veux rien savoir..... vous avez souffert. L'or pur de votre cœur ne s'est point terni parmi tant et de si longues souillures. Voilà tout ce que j'ai vu, tout ce que je sais. Cette entrevue que je redoutais, cette entrevue a rouvert mon cœur à l'espoir, à l'amour, peut-être. Oui, je vous aimerai, Suzannah... mon âme était morte... mon âme renaît. Vous serez mon soutien, ma foi, mon courage. . (*A Maudlin qui vient.*) Que voulez-vous?

SCÈNE V.

LES MÊMES, LA MAUDLIN, *puis* MOORE.

LA MAUDLIN.

Monsieur le docteur Edmond Moore attend madame...

RIO-SANTO.

Moore!... (*Il se retourne, et aperçoit Moore qui le salue gravement.*)

SUZANNAH, *à Maudlin, qui s'est approché d'elle.*

Voici le moment, n'est-ce pas? — Que veut-on de moi?... Parlez, je suis prête, fût-ce une question de mort!

LA MAUDLIN, *riant.*

Une question de mort!... Venez, venez vous habiller.

SUZANNAH.

Où veut-on me conduire ?

LA MAUDLIN.

Où?... au bal. — Venez. (*Elle entraîne Suzannah interdite.*)

RIO-SANTO, *à Moore en sortant.*

Docteur, je vous défends... Il ne faut pas que cette jeune fille serve à vos projets!...

MOORE.

Mais la nécessité...

RIO-SANTO.

Je vous le défends, monsieur, ne l'oubliez pas!... (*Il sort.*)

MOORE, *seul.*

Tu me le défends!... Cet homme sera-t-il toujours mon maître?...

ACTE II.

TROISIÈME TABLEAU.

Une salle du palais Saint-James.

SCÈNE I.

Le matin d'un baise-main au palais. Des curieux entrent par une porte latérale. Des lords et des ladies traversent de temps en temps la scène, et sont annoncés par un huissier. Ils entrent dans une salle à gauche. Les curieux restent en scène.

GÉRARD, PERCEVAL, L'HUISSIER.

L'HUISSIER, *annonçant.*

Leurs Seigneuries lord et lady Stuart de Dundée! Sa Grâce le duc de Northumberland! Le très-noble marquis d'Exeter! Sa Seigneurie la comtesse de Derby! Le lord archevêque primat de Canterbury! (*Les personnages annoncés traversent la scène.*)

LADY MORDAUNT.

Sa Grâce le lord archevêque est plus souvent au baise-main qu'à l'office.

MISTRESS BLOOMBERRY.

Depuis quand milady comtesse de Derby passe-t-elle avant le primat d'Angleterre, d'Écosse et d'Irlande?... En vérité, c'est de l'anarchie!..

LADY STANLEY.

Mes chères ladies, on vous a donc oubliées comme moi?

LADY MORDAUNT.

Depuis que les bourgeoises sont admises au royal baise-main, les dames doivent céder la place...

MISTRESS BLOOMBERRY.

Est-ce pour moi que vous parlez, milady?

LADY MORDAUNT.

Non, madame, puisque vous n'êtes pas invitée!

LADY STANLEY.

Oh! mes chères dames!... de grâce! dans le palais de Saint-James!... Le fait est que ces réceptions sont maintenant horriblement composées... On y voit des aventuriers... et jusqu'à des Français!

TOUTES.

Oh! (*Elles rendent le salut à Gérard, qui passe.*)

PERCEVAL, *à la petite porte des curieux.*

Voici ma carte, monsieur...

L'HUISSIER, *après avoir examiné la carte.*

Entrez.

PERCEVAL, *apercevant Gerard appuyé contre une colonne.*

Gérard!

GÉRARD.

Perceval!

PERCEVAL.

Par quel hasard, hasard heureux pour moi, vous trouvé-je ici, dans le palais de Saint-James?

GÉRARD.

Par le hasard qui conduit les touristes partout où il y a quelque chose d'inconnu à voir, de curieux à observer... J'ai appris qu'il y avait aujourd'hui baise-main à Saint-James, et ma foi, je n'ai pas voulu perdre une si belle occasion... Nous autres Français, nous avons si bien rompu avec les traditions du cérémonial monarchique, qu'il nous faut passer le détroit et venir jusqu'à Londres pour retrouver encore les pompes de la royauté...

PERCEVAL.

Français et artiste... vous avez le droit d'être sévère... Nos pompes ne vous plairont peut-être pas... Nous ne sommes pas comme vous, nous gardons nos coutumes, et la cérémonie du royal baise-main n'a pas varié depuis deux siècles... C'est toujours, pour les hauts dignitaires, (*musique à l'orchestre.*) le même costume empesé dont voici un échantillon. (*Il lui montre un lord qui passe et qui doit être une caricature.*) Pour les ladies, les comtesses et les marchionnesses, ce sont toujours ces mirifiques paniers et ces interminables robes à queue qui exigent le secours de quelque page loué tout exprès à raison d'une demi-guinée par séance.

GÉRARD, *lorgnant.*

Mais c'est parfait, cela!

PERCEVAL.

Quant au personnel du palais, c'est encore pure parade... Sa Majesté fait comme ses fidèles sujets... Elle loue à tant par heure les comparses de cette vieille comédie... Avez-vous vu les hallebardiers et les massiers, sous le péristyle?

GÉRARD.

De beaux choristes pour notre Cirque-Olympique...

PERCEVAL.

Ils vont venir, après le défilé des carrosses, jouer leur rôle et faire la haie... Vous allez voir leurs costumes du temps de Jacques II!

GÉRARD.

C'est ce qu'il me faut, de la couleur!... Ma foi, je me félicite doublement d'être venu et de vous avoir rencontré, Perceval... Mais je vous croyais toujours en voyage?

PERCEVAL.

Je suis revenu avant-hier seulement. Et vous, mon cher Gérard, êtes-vous depuis longtemps à Londres? Vous y plaisez-vous? Avez-vous fréquenté nos salons à la mode?

GÉRARD.

Mais oui! Grâce à quelques bons amis, les occasions, et même les meilleures ne m'ont pas manqué... Tenez! par exemple, hier j'ai été au bal de lord Trevor...

PERCEVAL.

Lord Trevor!

GÉRARD.

Qu'avez-vous? Le nom de lord Trevor...

PERCEVAL, *lui serrant le bras.*

Vous ne savez donc pas?

GÉRARD.

Quoi?...

PERCEVAL.

Rien... Continuez, mon ami... Vous êtes allé au bal de lord Trevor... Sa fille y assistait, sans doute?

GÉRARD.

Certainement! Comment miss Mary Trevor n'aurait-elle pas assisté au bal donné par son père? un bal de fiançailles, surtout!

PERCEVAL.

Des fiançailles, avez-vous dit?

GÉRARD.

Sans doute! D'où revenez-vous donc, Perceval?... De Suisse, je crois? De quoi donc parle-t-on en Suisse?... A Londres, il n'est bruit que du mariage de miss Mary Trevor, de la belle, de la riche Mary Trevor avec Rio-Santo!

PERCEVAL, *à part.*

Un mariage!... Ah! Mary! Mary! (*A Gérard.*) Pardon, mon ami, je vous parais étrange, n'est-ce pas?... Tout à l'heure, vous saurez... Mais d'abord, répondez-moi... Quel est ce Rio-Santo?

GÉRARD.

Rio-Santo!... Vous me demandez ce que c'est que... Mais Rio-Santo... c'est... c'est Rio-Santo, parbleu! c'est tout dire!... Cela ne vous suffit-il pas?

PERCEVAL.

Non, parlez, Gérard, parlez!

GÉRARD.

Eh bien! Rio-Santo est un marquis, oh! mais un marquis comme on en voit peu... Un homme beau, jeune, riche, élégant...

PERCEVAL, *avec amertume.*

Un Adonis, enfin!

GÉRARD.

Non pas un Adonis, mais sérieusement un homme remarquable... un homme qui, par son faste extraordinaire, même dans cette ville fastueuse, par son armée de laquais, par ses meutes royales et surtout par la grâce de vingt ou trentes blondes ladies, demi-mortes d'amour pour lui, est devenu le sujet de toutes les conversations de Londres. Au parc, il est le point de mire de tous les regards. Entre-t-il dans un salon, son nom prononcé soulève un murmure dans la foule. Dès qu'il paraît, il y a un dans la fête un élément de plus, et grâce à lui, chaque cœur féminin sent grandir son instinct de coquetterie. Enfin c'est sans contredit et sans comparaison le lion de la mode; — je dis le lion, parce qu'à mes yeux ce monarque est toujours unique, et que les personnages communément appelés *lions* par le vulgaire, me semblent être tout au plus d'assez laids épagneuls. (*Entrée des hallebardiers.*) Mais voici, je crois, les hallebardiers. C'est le commencement du spectacle que je suis venu chercher ici. (*Les hallebardiers entrent.*) Ils sont fort bien... très-bien, sur ma parole... Du Louis XIV tout pur...

PERCEVAL, *à part.*

Rio-Santo! Voilà donc celui qu'elle me préfère... Et cependant!... Non, il est impossible qu'elle l'aime! Mary ne peut être parjure!... (*On place les hallebardiers aux portes.*)

SCÈNE II.

LES MÊMES, L'HUISSIER, *annonçant.*

L'HUISSIER.

Sa Seigneurie, le comte Trevor, pair d'Angleterre, et l'honorable Mary Trevor...

PERCEVAL.

C'est elle! Oh! je savais bien que je la verrais!...

L'HUISSIER.

LORD TREVOR, *à Mary et lady Campbell.*

Pardon, mesdames... J'ai un mot à dire au chef des huissiers du palais... (*Il remonte au fond avec le chef des huissiers.*)

GÉRARD, *à Perceval.*

Avez-vous entendu?... lord Trevor et sa fille... Je vais..

PERCEVAL, *le retenant.*

Attendez... Mon Dieu! comme elle est pâle!

LADY CAMPBELL, *à miss Trevor.*

Allons, ma nièce, remettez-vous... ne tremblez pas, mon enfant, cette présentation au roi vous effraye peut-être... Rassurez-vous. Le roi aime notre famille. Il désire apprendre de la bouche même de votre père le nom de votre heureux époux, le marquis de Rio-Santo! (*Mouvement de Mary.*) N'est-ce pas de votre plein gré que vous l'épousez? Ne l'aimez-vous pas? — Pourquoi donc ces craintes?... Point d'enfantillage, Mary, je vous en conjure. (*Se rapprochant d'elle.*) Peut-être songez-vous encore à Frank Perceval? — Mais vous savez bien qu'il vous a oubliée, lui. Depuis un an qu'il voyage sur le continent... pas un mot! pas une lettre!

GÉRARD, *tenant Perceval par la main.*

Madame...

LADY CAMPBELL, *apercevant Perceval.*

Ciel!

MARY.

Frank Perceval! (*Lady Campbell et Mary répriment un mouvement.*)

LADY CAMPBELL, *se remettant.*

Vous avez fait un bon voyage, Perceval?

PERCEVAL.

Madame... je...

LADY CAMPBELL, *bas en se rapprochant de lui.*

Pas ici... pas maintenant, je vous en conjure... On a les yeux sur nous.

PERCEVAL.

Madame! je veux savoir...

LADY CAMPBELL.

Demain, je vous expliquerai..... Croyez-moi toujours votre amie, Perceval... La pauvre enfant a bien résisté, bien souffert.

PERCEVAL.

Madame...

LADY CAMPBELL.

Je vous en prie, monsieur Perceval, attendons à demain.

PERCEVAL.

Miss Mary, répondez; répondez. (*Lady Campbell entraîne Mary, et prend vivement le bras de lord Trevor, qui, après avoir causé avec l'huissier, est descendu vers la porte où sont entrés les lords. Lord Trevor entre sans avoir remarqué Perceval.*)

L'HUISSIER, *à Perceval.*

On ne passe pas!... Fermez les portes au public... (*On entend des portes se fermer.*)

SCÈNE III.

PERCEVAL, GÉRARD, PADDY, *se présentant avec mystère à une porte du fond à droite.*

LE HALLEBARDIER.

On n'entre plus de ce côté.

PADDY, *le regardant.*

Ah! diable! — Ce n'est pas... J'ai fait fausse manœuvre... Excusez, mon brave... Excusez... (*Il disparaît.*)

PERCEVAL, *revenant à Gérard.*

Gérard... Maintenant, je puis vous dire...

GÉRARD.

Oh! vous n'avez rien à m'apprendre. J'ai tout compris... Nous autres Français, nous devinons. Vous aimez miss Mary Trévor. Avant votre absence elle vous aimait... Tenez, elle vous aime encore.

PERCEVAL.

Le croyez-vous?

GÉRARD.

Je le parierais!... Son émotion quand elle vous a vu, son silence... tout me dit que, malgré le prestige irrésistible de Rio-Santo, elle ne vous a pas oublié...

PERCEVAL.

Mon Dieu! mon Dieu! si cela était vrai! S'il était possible que je ne fusse pas arrivé trop tard...

GÉRARD.

Ah! mon pauvre ami, je ne dois pas vous le cacher... Vous avez affaire à deux adversaires bien redoutables... Rio Santo d'abord; — ensuite la tante... Quant au père, il n'en faut pas parler... Il obéit aveuglément à sa sœur...

PERCEVAL.

Que faire? — J'aurais dû me défier de lady Campbell. C'est elle qui m'a conseillé ce voyage au retour duquel je devais épouser Mary... J'avais la parole de lord Trévor. J'avais la parole de lady Campbell.

GÉRARD.

Peut-être était-elle sincère en vous la donnant. Mais alors elle n'avait pas vu Rio-Santo.

PERCEVAL.

Oui... je comprends; après mon départ, Rio-Santo a subjugué lady Campbell. C'est le cours ordinaire des choses..... Dans le monde, à l'apparition de l'héritière d'une grande fortune, il se forme d'abord autour d'elle une innombrable cour. — Mais j'avais écarté tous mes rivaux, moi, et je pouvais croire la bataille finie... Je ne comptais pas sur l'arrivée d'un Rio-Santo, et sur la perfidie de lady Campbell.

GÉRARD.

Eh bien, Frank, si vous êtes vaincu aujourd'hui, n'oubliez pas ce qu arrive après le mariage de toute charmante héritière...

FRANK.

Qu'arrive-t-il?

GÉRARD.

Il arrive que les rangs se ressèrent de nouveau. Les ambitions vaincues se taisent; les humbles et les forts redeviennent égaux, tous ont part aux rayons de l'astre,—car l'astre, pour être désormais la propriété d'un seul, entre de droit dans le domaine de tous...

FRANK

Gérard, ne raillez pas avec mon cœur!— J'aime d'une passion profonde, ardente, invincible... et s'il est vrai, comme vous m'en avez mis à l'âme le bien consolant espoir, s'il est vrai que miss Mary ne m'a point complétement oublié, alors je vaincrai, je vous le jure, les obstacles, quels qu'ils soient, qui s'opposeraient à mon bonheur... sinon...

GÉRARD.

Sinon?...

PERCEVAL.

Sinon, je mourrai. — Gérard, puisque le hasard vous a mis de moitié dans tout ceci...

GÉRARD.

Ne dites pas seulement le hasard,— l'amitié...

PERCEVAL.

Eh bien! au nom de cette amitié que j'invoque et en laquelle je crois, restez avec moi jusqu'à ce soir.

GÉRARD.

De tout mon cœur. Mais que voulez-vous faire?

PERCEVAL.

Attendre Mary, obtenir d'elle un mot, un seul mot qui décide de mon sort. Elle va traverser cette salle pour entrer chez la reine...

GÉRARD.

Quoi, devant tout le monde. vous voulez!...

PERCEVAL.

Je veux un mot, un seul mot, vous dis-je! Est-ce donc trop que d'exiger un mot quand il y va de l'existence d'un homme?...

de l'existence de deux hommes, peut-être!

GÉRARD.

Est-ce comme cela? Oh! oh! ami, je ne vous quitte plus. (*Ils remontent la scène.*)

SCENE IV.

LES MÊMES, TOLSTOI, UN HUISSIER, LADY BROMPTON.

L'HUISSIER, *annonçant.*

Sa Seigneurie lady Anna, baronness Brompton!... Sa Grâce le prince Dmitri Tolstoï, ambassadeur de Russie! (*Lady Brompton entre et traverse la scène. Le prince Dimitri Tolstoï la suit d'abord à quelque distance, puis la rejoint vers le milieu du théâtre.*)

TOLSTOÏ, *à lady Brompton.*

Délicieuse! adorable!... Je ne vous ai jamais vue si jolie!... Cette toilette vous sied à ravir!

LADY BROMPTON.

Je vous en dois le plus bel ornement. — Ces diamants magnifiques... ces brillants qui doivent parer un front impérial...

TOLSTOÏ

Silence!... si on soupçonnait...

LADY BROMPTON.

Vous avez bravé un grand danger pour me plaire, prince!

TOLSTOÏ.

De grâce, ne parlons pas de cela!

LADY BROMPTON.

Je veux vous remercier... mais vous remercier de tout cœur... Personne ici ne peut me le disputer pour la richesse de la parure.

TOLSTOI.

N'êtes-vous pas toujours la plus belle?

LADY BROMPTON.

Venez tantôt reprendre vos diamants, prince... venez vous-même... je vous remercierai plus à l'aise.

TOLSTOÏ, *avec chaleur.*

J'irai... mais ce sera pour vous dire...

LADY BROMPTON.

On nous observe.

TOLSTOÏ.

A ce soir! (*Ils entrent dans la salle où sont déjà les lords et les ladies.*)

SCENE V.

GÉRARD, PERCEVAL, *au fond*, PADDY, BOB, SNAIL, SUZANNAH.

PADDY, *arrivant par une porte de droite où l'on a placé en sentinelle Bob Lantern habillé en hallebardier.*

Par ici! par ici!....

BOB.

Le public ne passe pas...

PADDY.

Tais-toi donc, imbécile! Est-ce que nous sommes du public, nous?

BOB.

Bon, bon!... Ah! je comprends maintenant; c'est durement adroit!... Passez, passez! (*Paddy fait entrer Suzannah vêtue d'un costume d'apparat; Snail, habillé en page, tient la queue de sa robe.*)

PADDY.

Là... nous voilà dans la demeure des rois!

SNAIL.

Ah! c'est joli! c'est très-joli ici. Je voudrais que ma sœur Loo pût voir tout ça... Et mon beau-frère Turnbull!... Et ma femme Madge... Et toute ma famille!... (*A Bob.*) Mon pauvre Bob, quelle drôle de figure tu fais comme ça!...

PADDY, *le prenant par l'oreille.*

Est-ce que tu crois que c'est pour te moquer de Bob que nous sommes venus à Saint-James?... Attention, fils de bandit.

SNAIL.

On écoute, papa, on écoute.

SUZANNAH, *à Paddy.*

Monsieur, où m'avez-vous amenée sous ces vêtements trop somptueux pour moi?

PADDY.

Dans le palais de Saint-James, madame.

SUZANNAH.

Le palais de la reine! Et qu'y venons-nous faire, monsieur?

PADDY.

Vous le verrez, pardieu, bien!... Votre rôle se borne à peu de chose. Surtout n'oubliez pas votre serment: quoique vous voyiez, quoique vous entendiez, pas d'imprudence!... (*A Snail.*) Viens, toi. (*S'approchant du Hallebardier qui garde la porte des lords.*)

LE HALLEBARDIER.

On ne passe pas!

PADDY.

Mon digne monsieur, votre honorable collègue, qui est là (*il désigne Bob*), vous prie de permettre à ce joli enfant de regarder par la serrure pour voir un peu les lords et les ladies?...

LE HALLEBARDIER.

Faites vite!

PADDY, *à Snail.*

Mon fils, cet excellent monsieur te permet de regarder.

SNAIL.

Je regarde.

PADDY, *bas, à Snail.*

Bien. Que vois-tu?

SNAIL.

Oh! je vois beaucoup de gros messieurs et de vilaines dames... par exemple, ils ont des galons et des bijoux sur toutes les coutures...

PADDY.

Est-ce tout?...

SNAIL.

Ma foi, oui. (*Il quitte la porte.*)

PADDY, *le poussant.*

Mais non, ce n'est pas tout.

SNAIL.

Doucement, doucement donc, capitaine!... Comme vous y allez!...

PADDY.

Comment! tu ne reconnais pas lady Brompton, que je t'ai fait examiner avant-hier à l'Opéra, dans une loge, dont nous ne nous sommes éloignés qu'après nous être bien convaincus qu'elle ne portait pas les diamans?... Tu sais bien!...

SNAIL.

Les diamans que l'ambassadeur russe a achetés pour le compte de l'empereur, son maître, et qu'il a la bêtise de faire essayer par sa maîtresse... Faut-il qu'un ambassadeur soit bécasse!... Tenez, elle les a!...

PADDY.

Quoi?

SNAIL.

Les diamans!... C'est lady Brompton!... La voilà, je la reconnais!... Capitaine, comme ça brille! comme ça brille! j'en ai les yeux éblouis!...

PADDY.

Allons donc!... Maintenant que tu as vu, viens; je vais t'expliquer ce qui te reste à faire.

SNAIL, *se frottant les yeux.*

Un vrai soleil!

SCÈNE VI.

LES LORDS et LES LADIES, MARY, PERCEVAL, GERARD, PADDY, SNAIL, LORD TREVOR, LADY CAMPBELL. (*Paddy prend Snail à l'écart. Tous les deux causent. Des groupes se forment.*)

UN HUISSIER.

Ouvrez les portes. (*Arrivant à l'endroit où sont les Lords.*) Milords et mesdames, on entre chez la reine. (*Le défilé commence; on voit les Lords et les Ladies traverser le théâtre, gravir les escaliers et entrer chez le roi. Au moment où lord Trevor passe donnant la main à lady Campbell et suivi de miss Trevor, Perceval s'approche, et dit rapidement à miss Trevor.*)

PERCEVAL.

Mary!...(*Mary regarde avec effroi Perceval.*)

SUZANNAH, *regardant Mary de loin.*

Je savais bien que je l'aurais reconnue... C'est elle... douce et jolie comme le jour où elle me sauva de la misère.

PERCEVAL.

Mary, un mot, un seul mot d'espoir!... (*En ce moment la porte de droite s'ouvre.*)

UN HUISSIER, *annonçant.*

Don José Maria Tellez, marquis de Rio-Santo!... (*Mouvement général de curiosité. Tout le monde regarde Rio-Santo.*)

à coup devenu riche, vous; — vous m'avez appelée votre sœur, comme autrefois, vous que je retrouvais noble et puissant... Ce jour-là, vous me donnâtes une guinée qui me sauva; vous pouviez m'en donner cent qui m'eussent perdue. Vous pouviez me dire : Prends et brille... Vous me dîtes : Prends et travaille... Cette guinée et vos conseils, milord, m'ont faite riche et m'ont laissée pure. —Vous m'avez donné la fortune, vous m'avez conservé l'honneur. Votre conseil est resté gravé dans mon âme. Votre guinée, je l'avais marquée d'une croix, et plus tard je l'ai rachetée cent guinées au juif Ismaïl. — Je l'ai là, sur mon cœur; c'est un talisman, c'est un souvenir. — Voilà pourquoi je suis restée votre amie, milord.

RIO-SANTO.

La plus patiente, la plus active, la plus intrépide des femmes.

FANNY.

Pour vous, pour vos intérêts, pour votre service, oui milord, toujours.

RIO-SANTO.

Merci, Fanny, vous êtes le seul cœur en qui j'aie confiance !

FANNY.

Mais parlons de vous, maintenant. — Vous attendiez des lettres d'Irlande, aujourd'hui ?

RIO-SANTO.

D'Irlande !... Eh bien?

FANNY.

Notre messager ordinaire n'est point venu.

RIO-SANTO.

Ah !

FANNY.

Mais un homme s'est présenté à sa place.

RIO-SANTO.

A sa place... un homme ?

FANNY.

L'œil perçant, le visage austère, le geste impérieux... cet homme, je crois que je le connais.

RIO-SANTO.

Comment?

FANNY.

Cet homme, c'est celui qui vous reçut l'an dernier, le soir, dans une petite maison à Dublin, lors du voyage que nous fîmes en Irlande.

RIO-SANTO.

A Dublin, tu crois ? Oh ! impossible!... Que t'a-t-il dit, grand Dieu ?

FANNY.

Il m'a regardée silencieusement d'abord; puis de cette voix que jamais un Irlandais n'oubliera, milord...

RIO-SANTO.

Plus bas, plus bas !...

FANNY.

Annoncez au marquis de Rio-santo, a-t-il dit, que j'ai quitté Dublin pour le voir, et qu'aujourd'hui même je le verrai chez lui.

RIO-SANTO.

Aujourd'hui... Lui à Londres, lui chez moi, lui !... (*Phégor entre et remet une carte.*) C'est lui !... Faites entrer !

FANNY.

Je me retire.

RIO-SANTO.

Oui, Fanny. —Fanny, si vous saviez !... Plus tard, plus tard... Adieu, mon amie, adieu... (*Seul.*) Il est à Londres, et je l'ignorais !...

SCÈNE III.

UN ÉTRANGER, RIO-SANTO.

RIO-SANTO. (*Il s'approche de l'Étranger avec respect et s'incline sur sa main.*)

Laissez-moi vous remercier de l'honneur que vous me faites en venant chez moi, vous, le plus grand citoyen de l'Irlande et le père de tous les Irlandais !...

L'ÉTRANGER.

Milord, je viens à vous malgré ma souffrance, parce que vos ordres appellent à Londres dix milles jeunes gens de mes pauvres comtés... Ce sont mes enfants... Que voulez-vous faire de leurs bras?

RIO-SANTO.

Ils sont dix mille !

L'ÉTRANGER.

Dix mille dont vous voulez payer le voyage... Vous êtes bien riche, milord !...

RIO-SANTO.

J'ai de l'or pour eux et pour tous ceux qui viendront à moi au nom de l'Irlande !

L'ÉTRANGER, *assis.*

Sont-ce des soldats que vous enrôlez ?... Vous gardez le silence, milord... Il faut pourtant que je sache... Ecoutez-moi... ce serait une guerre inégale... une lutte folle dont le monde condamnerait les moyens et que Dieu ne bénirait pas...

RIO-SANTO.

Vous avez le droit de parler ainsi... Mais ouvrez les yeux, au nom de la patrie qui souffre !... Le mouvement marche... Tout nous vient en aide... Vous n'avez pas osé dire que cette guerre fût injuste... Est-ce donc la crainte qui doit retarder le signal?... L'Angleterre a comblé la mesure de l'oppression et de l'infamie... Combien de fois, dans ces immenses meetings que naguère encore rassemblait votre parole éloquente, combien de fois n'avez-vous pas crié honte, honte à l'Angleterre!

L'ÉTRANGER.

Et paix à l'Irlande! milord.

RIO-SANTO.

Paix à l'Irlande esclave! Est-ce vous qui parlez, vous, le cœur brûlant... vous, le conquérant de la parole?... Allez-vous regretter la goutte de sang qui achèterait notre indépendance?... Voilà dix ans que je poursuis avidement mon œuvre. La Russie, l'Espagne, l'Autriche, la France, m'ont vu tour à tour fidèle à cette passion austère que je cachais sous les plis efféminés du manteau de don Juan... A me voir ainsi endormi aux pieds des femmes, nul n'a pu croire en moi à l'existence d'une pensée profonde, patiente, implacable... Et cependant, depuis dix années, j'ai marché nuit et jour prêchant partout la croisade... Pendant dix années, j'ai consumé la meilleure part de ma vie dans un travail ingrat, épuisant... J'ai fait plus... j'ai fait le plus grand de tous les sacrifices... j'ai étouffé la voix de ma conscience.

L'ÉTRANGER.

Je le craignais, milord.

RIO-SANTO.

Oui, je suis descendu jusqu'au fond de ces hontes sociales dont la profondeur épouvante... Oui, j'ai cherché dans les misères de Londres de ces sombres alliances que la sainteté de ma cause suffit à peine à purifier. Je suis le marquis de Rio-Santo, monsieur; je suis grand d'Espagne et comte d'Empire... mais je suis Irlandais avant d'être l'heureux soldat comblé des faveurs des rois... et je sais bien que ces fanges ténébreuses où j'ai plongé mes deux mains pour avancer ma tâche ne me salissent pas le cœur!...

L'ÉTRANGER.

Milord, vous aimez l'Irlande, et cela me fait vous aimer... (*Il lui tend la main.*) Croyez-moi, ne laissez pas votre haine dominer votre patriotisme... Imitez mon exemple... attendez!

RIO-SANTO.

Attendre!... lorsqu'un peuple agonise! Attendre! lorsque la mine est creusée... lorsque je vois chanceler déjà ce colosse odieux, envahissant, oppresseur... J'ai attendu dix années, vous dis-je, l'heure est venue! maintenant je ne veux plus attendre.

L'ÉTRANGER, *se levant.*

J'ai bien attendu, moi!... moi que l'Europe a si longtemps accusé de fougue et de violence... Pensez-vous qu'il ne m'ait point fallu de pénibles efforts pour contenir la passion de mon cœur? En notre siècle, milord, la loi est une arme plus tranchante que le sabre... Il faut vaincre selon la loi, avec la loi, par la loi... Ma violence, ma passion, ma fougue, c'étaient de mauvais conseillers que j'ai écrasés sous le poids de ma volonté..... j'ai attendu parce que je devais attendre.

RIO-SANTO.

Entre nous deux l'avenir décidera.

L'ÉTRANGER.

Milord, mes forces se sont épuisées au service de la cause à laquelle je me suis voué tout entier. — Regardez-moi, — la lutte m'a brisé, — ma vie est près de s'éteindre, — un pied dans la tombe, j'y veux descendre tranquille sur le sort de l'œuvre que j'ai commencée et qu'un autre doit continuer par les mêmes moyens, par les mêmes armes pacifiques. — Voilà pourquoi je suis venu, milord. Je suis venu pour vous connaître, car mon successeur c'est vous peut-être; mais avant de vous donner ce titre, avant de mettre en vous ce suprême espoir, il faut que je sois convaincu que vous ne compromettrez pas les sacrifices de ma vie... que dis-je? les souffrances héroïques de tout un peuple. — Enfin, il faut me dire ce que vous prétendez faire de mes dix mille Irlandais, c'est-à-dire de dix mille de mes enfants.

RIO-SANTO.

Pour vous expliquer mes plans, mes projets, et vous dévoiler mon âme tout entière, je vous demande deux jours.

L'ÉTRANGER.

J'ai confiance en vous, milord, — deux jours, soit; je retourne à Dublin, où ma présence est attendue; — nos soldats seront prêts, mais, songez-y, l'épée de Dieu doit être sans tache, et la voie de la Providence, pour être mystérieuse et détournée souvent, ne côtoie jamais le chemin du mal.

Dans deux jours donc, milord, je saurai si Dieu vous appelle à continuer mon œuvre. . Dans deux jours je saurai si mes pauvres enfants d'Irlande peuvent partir... s'ils peuvent vous donner leurs bras et leurs cœurs, suivre votre route en aveugles, et mourir chrétiens en mourant avec vous. Adieu, milord.

RIO-SANTO.

Adieu.

SCÈNE IV.

RIO-SANTO, *puis* FALKSTONE.

RIO-SANTO.

Cet homme dit vrai!... l'épée du Seigneur doit être sans tache. Mais ce que j'ai fait de bon, placé dans la balance, l'emportera peut-être sur mes fautes. — Et puis, ai-je le choix maintenant?... (*Regardant Falkstone.*) Allons, allons, pas de faiblesse! C'est vous, Falkstone, approchez.

FALKSTONE.

Milord! voici les diamants.

RIO-SANTO, *désignant un meuble.*

Déposez-les là. — C'est bien... Je ne vous retiens plus.

FALKSTONE.

Au nom du ciel, milord, songez que je suis comptable envers l'association.

RIO-SANTO.

Je suis comptable, moi, du salut de l'association elle-même... Il y a un danger sur notre tête, M. Falkstone... Préférez-vous s diamants à votre vie?

FALKSTONE, *effrayé.*

Milord!

RIO-SANTO.

Entrez là... Quand le chef de la police métropolitaine viendra, prêtez l'oreille... Je le permets... Je le désire.

FALKSTONE.

J'écouterai, milord, puisque tel est votre bon plaisir. (*Il sort.*)

SCÈNE V.

RIO-SANTO, MOORE.

RIO-SANTO, *sonnant son domestique.*

Phégor!... (*Le petit noir paraît.*) Qu'on aille savoir des nouvelles du très-honorable Frank Perceval.

MOORE, *s'avançant derrière Phégor.*

Je puis en donner à Votre Seigneurie.

RIO-SANTO, *vivement.*

Vous l'avez vu?

MOORE.

Je lui ai mis le premier appareil.

RIO-SANTO.

Eh bien?

MOORE.

La balle a passé à quelques lignes du cœur.

RIO-SANTO.

Ah!...

MOORE.

Vous visez mieux d'ordinaire, milord... Je crois que vous avez été généreux.

RIO-SANTO.

Peut-être... Que pensez-vous de la blessure?

MOORE.

On peut la guérir.

RIO-SANTO.

Tant mieux!

MOORE.

Tant mieux?... Et miss Trevor?...

RIO-SANTO.

Sans doute... mais...

MOORE.

Ce Franck Perceval est un obstacle.

RIO-SANTO.

Je le sais, puisque j'ai voulu le briser.

MOORE.

Et cette volonté, vous ne l'avez plus?

RIO-SANTO.

Non.

MOORE.

Le mariage avec miss Trevor...

RIO-SANTO.

Tout cela me fatigue et me déplaît...

MOORE.

Chacun de nous, milord, fait certaines choses à contre-cœur... Et tout n'est pas plaisir dans l'association dont vous êtes le chef suprême. — Mais l'association a besoin de ce mariage qui vous fait l'héritier d'une pairie, et vous donne des moyens de protection plus efficaces... La famille compte sur vous, milord!

RIO-SANTO.

Suis-je esclave, ou libre?

MOORE.

Vous n'êtes pas libre.

RIO-SANTO.

Donc, je suis esclave!...

MOORE.

Milord, ce mariage est notre espoir à tous... Les Trevor sont de race presque royale... Par cette union, nous arrivons, — vous arrivez, milord, — jusqu'aux marches du trône... Souvenez-vous que vous avez solennellement promis, devant le conseil de la Nuit assemblé...

RIO-SANTO, *l'interrompant.*

Je me souviens, monsieur... et j'aviserai... (*Changeant de ton.*) En attendant, je suis toujours le maître, n'est-ce pas?

MOORE.

Toujours, milord.

RIO-SANTO.

D'où vient que mes ordres ne sont pas exécutés?

MOORE.

Si je connaissais le coupable...

RIO-SANTO.

Le coupable, c'est vous.

MOORE.

Moi!...

RIO-SANTO.

Je vous avais défendu de mêler cette jeune fille à vos ténébreuses manœuvres, monsieur.

MOORE, *feignant l'étonnement.*

Une jeune fille?... Ah! pardon... je sais... Milord, je ne m'attendais vraiment pas à tant de mémoire de la part de votre seigneurie.

RIO-SANTO, *sévèrement.*

Vous m'avez désobéi! (*Il s'assied.*)

MOORE, *avec une feinte humilité.*

Milord... D'ordinaire, quand il s'agit d'une femme... Je m'étonne que vous vous soyez souvenu... (*A voix basse.*) Elle est fort belle, cette Suzannah!... Et ne serait-ce pas là le motif de vos répugnances nouvelles? Avant de l'avoir vue, vous étiez tout prêt à épouser Mary Trevor.

RIO-SANTO, *se levant.*

Si vous me désobéissez encore une fois, je vous punirai sévèrement, M. le docteur Moore!

MOORE, *se redressant.*

Je suis membre du conseil de la Nuit!...

RIO-SANTO.

Et vous voudriez monter en grade..... Ma place vous semble bonne... vous songez à la prendre... ne niez pas : je vous connais... vous avez déjà essayé de me perdre... Avez-vous ouï réciter cette fable française où le pot de terre essaye de lutter contre le pot de fer, docteur?

MOORE.

Milord...

RIO-SANTO.

Faites-vous-la conter, si vous ne la savez pas... Vous êtes un des premiers praticiens de Londres, monsieur... Vous avez beaucoup de science, beaucoup de réputation, beaucoup d'avenir... Mais entre vous et l'échafaud il n'y a que ma volonté.

MOORE, *incrédule.*

L'échafaud! Vous allez beaucoup trop loin, milord...

RIO-SANTO.

Je vous dis cela, parce que vous savez tuer à distance, et que le hasard peut mettre ma vie entre vos mains... Je vous dis cela, parce que vous êtes mon médecin, monsieur, et que je prétends dormir tranquille alors même que vous veillerez à mon chevet... Ne vous étonnez pas trop : je tiens ainsi plus ou moins tous les gentilshommes de la nuit, vos confrères... Sans cela, docteur, il me faudrait mille existences.

MOORE.

Quel est donc, s'il vous plaît, le crime?...

RIO-SANTO, *légèrement.*

Choisissez entre tous vos méfaits... J'ai la preuve de l'un d'eux. Un des bons... La preuve irrécusable!

MOORE, *avec soumission.*

(*A part.*) Saurait-il? (*Haut.*) Milord, je vous ai laissé parler... mais quelles que soient contre moi vos préventions et vos défiances, je n'ai pas besoin de menaces pour vous servir... On m'a calomnié près de vous... C'est ma fidélité même et c'est mon dévouement profond qui plaideront désormais ma cause auprès de Votre Seigneurie... Que vous plaît-il de m'ordonner?

RIO-SANTO.

Vous allez guérir la blessure de Perceval.

MOORE, *hésitant.*

C'est votre volonté?

RIO-SANTO.

C'est ma volonté.

MOORE.

Elle sera religieusement accomplie.

RIO-SANTO.

Quant à cette jeune fille...

MOORE.

La belle Suzannah?... Il suffit, milord... Suzannah est désormais sacrée pour nous... Est-ce tout?

RIO-SANTO.

C'est tout... Allez! (*Fausse sortie de Moore.*)

MOORE, *revenant.*

Je voudrais que Votre Seigneurie voulût bien me dire qu'elle ne garde point contre moi de rancune...

RIO-SANTO, *avec fatigue.*

Je ne pense plus à vous... Allez! Ah! un moment encore; veuillez mettre sur une feuille de papier les noms et les adresses de quelques hommes dévoués, sûrs... des hommes d'un certain monde... qui puissent représenter... Vous comprenez?

MOORE.

Parfaitement, milord. (*Il écrit.*) Voici.

RIO-SANTO.

Bien! — Au revoir, monsieur Moore. (*Le docteur salue profondément et se dirige vers la porte. Rio-Santo s'étend nonchalamment sur l'ottomane. Moore s'arrête sur le seuil, et lui jette un regard de haine.*)

MOORE, *à part.*

Votre mariage avec miss Trevor se fera, et Suzannah m'aidera malgré elle... malgré vous, milord. (*Il fait un geste de menace et sort.*)

SCÈNE VI.

RIO-SANTO, JONHSTONE, PICOTT, HARRISSON, PHÉGOR.

PHÉGOR, *annonçant.*

Le très-honorable Johnstone, chef de la police métropolitaine; — le chevalier Picott, surintendant de la police; — monsieur Harrisson, contrôleur de la police.

RIO-SANTO, *à part.*

Ah! mon Dieu! que de police!

JOHNSTONE, *d'un ton très-sec.*

C'est à monsieur le marquis de Rio-Santo que j'ai l'honneur de.....

RIO-SANTO.

Lui-même... monsieur.

JOHNSTONE.

Vous m'avez fait demander pour une communication officielle, et je me suis transporté à votre domicile, accompagné de ces messieurs, mes subordonnés, afin de recevoir légalement vos déclarations, s'il y a lieu. (*A ses hommes.*) Asseyez-vous et apprêtez-vous à écrire.

RIO-SANTO, *regardant les hommes d'un air railleur.*

Ah! (*Gravement, à Johnstone.*) Monsieur, savez-vous que votre police est fort mal faite?...

JOHNSTONE.

Comment, monsieur!

RIO-SANTO.

Savez-vous bien, monsieur, que lady Brompton, — à qui les diamants ont été enlevés, — est l'amie du prince Dmitri Tolstoï, — et que le prince Dmitri Tolstoï est mon ami, à moi?

JOHNSTONE.

Ah! sa grâce est votre...

RIO-SANTO.

Mon ami... intime... Or, voici ce que vous savez fort bien... Si le prince, mon ami, dépose une plainte entre les mains du Foreing-Office, cela peut faire une grosse affaire... Oh! mais très-grosse... car enfin vous n'ignorez pas que les diamants volés à lady Brompton ont été achetés par le prince pour le compte de son gouvernement...

JOHNSTONE, *bas, à Picott.*

Vous entendez, monsieur Picott!

PICOTT, *bas, à Harrisson.*

Vous entendez... monsieur Harrisson!

HARRISSON, *à part.*

Ah! si mon sous-chef était là!

RIO-SANTO.

Si les diamants ne se retrouvent pas, le prince se fâchera, son gouvernement se fâchera, et... on ne sait pas jusqu'où cela peut aller, monsieur Johnstone!... N'avez-vous pas ouï parler de cette guerre qui éclata jadis entre deux puissances à cause d'un verre d'eau?

JOHSTONE.

D'un verre d'eau, monsieur?

RIO-SANTO.

N'avez-vous pas entendu parler de cette guerre que suscita un simple coup d'éventail?... Voilà des précédents historiques irrécusables. Eh bien, pourquoi les diamants de lady Brompton, ou plutôt les diamants de Sa Majesté l'empereur de toutes les Russies ne seraient-ils pas aussi un très-beau *casus belli*? Eh! mon Dieu, l'affaire ne serait pas plus extraordinaire que celle du verre d'eau et du coup d'éventail!... Une guerre!... voyez-vous cela?... A qui la faute pourtant? — A vous, monsieur Johnstone.

JOHNSTONE.

A moi, milord?

RIO-SANTO.

Oui... à vous, qui n'aurez pas été assez habile pour retrouver ces diamants... égarés...

JOHNSTONE, *à M. Picott.*

Vous voyez les conséquences terribles, monsieur Picott.

PICOTT, *à Harrisson.*

Vous entendez, monsieur Harrisson?

JOHNSTONE, *même jeu.*

Voici qu'on me jette sur le dos une sottise dont vous seul êtes coupable!...

PICOTT, *à Harrisson.*

Quelles humiliations j'endure à cause de vous!

HARRISSON, *à part*

Mon sous-chef me payera tout cela!

RIO-SANTO.

Voilà donc la guerre déclarée.

JOHNSTONE.

Oh! milord, milord!... la paix! de grâce!...

RIO-SANTO.

Eh bien! soit; pas de guerre... J'y consens... Supposons de simples explications internationales toujours au sujet de ces diamants...

JOHNSTONE.

Egarés...

RIO-SANTO.

Egarés, c'est cela. Dans ce dernier cas même, le moins grave de tous, vous êtes compromis, réprimandé, destitué peut-être, monsieur Johnstone !

JOHNSTONE.

Milord, en me faisant appeler, n'avez-vous pas eu d'autre but que de me faire sentir la déplorable position où je me trouve?

RIO-SANTO.

Si fait... Et vous avez raison de me rappeler au but réel de cet entretien. Veuillez renvoyer ces messieurs.

JOHNSTONE.

Monsieur Picott, allez-vous-en !...

PICOTT.

Comment ! il me renvoie !... Monsieur Harrisson, je vous remercie.

HARRISSON.

Destitué!... Ah! c'est comme cela ! (*Il écrit avec vivacité.*)

PICOTT.

Que faites-vous?

HARRISSON.

Je chasse mon sous-chef.

RIO-SANTO.

Ces messieurs peuvent attendre dans le salon voisin... ce ne sera pas long.

JOHNSTONE.

Messieurs, attendez-moi à côté.

PICOTT.

Attendre?... Il y a un sursis... Venez avec moi, monsieur Harrisson. (*Picott et Harrisson sortent.*)

SCENE VII.

RIO-SANTO, JOHNSTONE.

RIO-SANTO, *attirant l'écrin.*

Monsieur Johnstone, reconnaissez-vous ces diamants?

JOHNSTONE.

Ces diamants!... (*Tirant un signalement.*) Item, vingt-cinq brillants montés à jour... Item...

RIO-SANTO.

Laissez là votre signalement. Ce sont bien les diamants que vous cherchez?

JOHNSTONE.

Est-il possible?... Et ils sont dans vos mains, milord?

RIO-SANTO, *lui montrant qu'il les tient.*

Non; ils sont dans les vôtres... Et ils y sont trop bien pour que je songe à vous les retirer.

JOHNSTONE, *allant à la table.*

Milord, c'est une énigme... une énigme qui me fait tressaillir de satisfaction, mais dont je ne tiens pas du tout le mot.

RIO-SANTO.

Une énigme fort simple, monsieur Johnstone. Celui qui a commis le vol est un pauvre diable qui s'est laissé séduire par l'éclat de cette parure... Une fois le vol consommé, il a été fort embarrassé de son trésor... il a compris, un peu tardivement, que l'importance même de ces bijoux l'empêcherait de s'en défaire; il a eu peur, et pensant que le vol n'était pas encore ébruité, il s'est adressé au premier venu... à moi... ce matin même...

JOHNSTONE.

Votre Seigneurie a la réputation d'être si riche!

RIO-SANTO.

J'ai reconnu les diamants tout de suite... Je les avais vus plusieurs fois chez mon ami, le prince Dmitri Tolstoï... J'ai menacé le malheureux de le livrer à la justice; dans son trouble il m'a abandonné ces diamants sans même ramasser la bourse que je lui jetais... J'ai laissé ce pauvre diable s'enfuir...

JOHNSTONE.

Détails!... détails!...

RIO-SANTO.

En ce moment on a annoncé chez moi quelques pauvres gentlemen qui m'ont, je ne sais pourquoi, choisi pour leur patron... Ils venaient me demander une recommandation pour vous.

JOHNSTON.

Pour moi?

RIO-SANTO.

Pour vous... Ils sont cinq ou six... Ils désirent entrer administration, et former, par exemple, le personnel de quelque bureau de police. — La conversation tomba sur vous. — Oh! si vous les aviez entendus! Ils ont fait de vous un éloge... mais un éloge... mérité, monsieur Johnstone! J'ai là leurs noms...

JOHNSTONE.

Donnez, donnez, milord. — Je serai charmé...

RIO-SANTO.

De leur procurer un emploi?...

JOHNSTONE.

De connaître des hommes qui ont parlé de moi à Votre Seigneurie en des termes si flatteurs.

RIO-SANTO.

Leur enthousiasme pour vous m'a fait réfléchir... Parbleu! me suis-je dit, rendre moi-même ces bijoux au prince, cela ne fait de bien à personne; au contraire, si c'est le digne M. Johnstone qui rend les diamants, cela peut tourner à son profit... qui sait?... à son élévation peut-être.

JOHNSTONE.

Faut-il que je ne puisse faire pour les protégés de milord ce que je voudrais!... Le premier service que milord me demande! ne pouvoir le rendre... — Mais c'est impossible! pas la moindre vacance? — Vous tiendriez à un bureau de police?

RIO-SANTO.

Oh! moi, je ne tiens à rien; mais ils m'ont parlé, je crois, en effet, d'un bureau de police; n'y en a-t-il pas un dans la paroisse de Saint-Gilles?

JOHNSTONE.

Si fait... mais là moins qu'ailleurs...

RIO-SANTO, *à part.*

Diable!

JOHNSTONE.

Ce bureau est important; et puis le commissaire est un homme vigilant, intègre, actif comme un jeune homme, malgré ses trente ans de service.

RIO-SANTO, *indigné.*

Trente ans de service! avez-vous dit?... trente ans de service! c'est une abomination!

JOHNSTONE.

Comment, une abomination?

RIO-SANTO.

Une honte! Trente ans de service! et vous n'accordez pas une retraite honorable à un vieillard qui a si noblement acquis le droit de se reposer!... Non, les gouvernements ne méritent pas le zèle et le dévouement de tous ces malheureux qu'on sacrifie sans pitié...

JOHNSTONE.

Je n'avais pas encore envisagé la question sous ce point de vue...

RIO-SANTO, *à Phégor.*

Qu'est-ce? qu'y a-t-il?... (*Phégor lui remet une lettre sur un plateau.*) Une lettre du prince... Monsieur Johnstone, ceci doit vous concerner un peu... (*Il lit.*) « Cher lord, pardonnez-moi de ne vous point recevoir ce matin; je cours au conseil pour l'affaire que vous savez... Quoi qu'il m'en coûte, je raconterai tout net le cruel embarras où me met le vol d'hier... Si les diamants ne se retrouvent pas, je suis perdu... mais, si je suis perdu, je veux du moins avoir une vengeance. »

JOHNSTONE.

Une vengeance! —

RIO-SANTO.

Vous êtes à l'abri, monsieur Johnston.

JOHNSTONE.

Ah! milord, grâce à vous... J'étais perdu! Que de reconnaissance! — Mais excusez-moi de vous quitter si vite... J'ai hâte de rejoindre le prince au conseil.

RIO-SANTO.

Allez, allez, et surtout pas de modestie! faites-vous valoir. — On peut tout attendre d'un premier mouvement de joie...

JOHNSTONE.

Tout ce qui m'arrivera d'heureux je vous le devrai, milord... A l'honneur de vous revoir!

RIO-SANTO.

Adieu, monsieur... Ah! vous oubliez ma liste! —

JOHNSTONE.

Oh! pardon, pardon! c'est le trouble où je suis... Dites à vos protégés que je me charge d'eux... Demain ils seront au bureau de Saint-Gilles! C'est bien le bureau de Saint Gilles, nest-ce pas?

RIO-SANTO.

Oui, mais s'il y avait trop de difficultés...

JOHNSTON.

Je les y mettrai tous jusqu'au dernier! (*En sortant.*) Messieurs, messieurs! (*Picott et Harisson entrent*) suivez-moi... Je vous... Non! — Je vous fais mes compliments. Je suis très-content de vous... (*Johnston sort le premier majestueusement.*)

PICOTT, *se retournant vers Harisson, et lui tendant la main.*

Monsieur Harisson, je vous pardonne...

HARISSON, *déchirant la destitution de son sous-chef.*

A la bonne heure! Moi, je fais grâce à mon sous-chef! (*Ils sortent.*)

SCÈNE VIII.

RIO-SANTO, FALKSTONE, *paraissant.*

FALKSTON.

Milord, j'ai compris.

RIO-SANTO.

C'est bien heureux! — Alors vous m'apporterez ce soir 500 guinées de plus, pour l'installation du bureau de Saint-Gilles.

FALKSTON, *riant.*

De grand cœur, milord.

ACTE III.

CINQUIÈME TABLEAU.

Chez Perceval. — Le décor est coupé en deux. — D'un côté, petit salon; de l'autre, la chambre à coucher de Frank.

SCÈNE I.

DONNOR, *dans la chambre à coucher*, GERARD.

GÉRARD.

Personne... où donc est Donnor?... Franck m'inquiète. (*A Donnor.*) Eh bien! notre malade?

DONNOR.

Mieux, Votre Honneur... Les neuf premiers jours ont été rudes à passer, mais, depuis hier, la fièvre s'en est allée... et cette nuit nous avons dormi comme un bienheureux!

GÉRARD.

Ce cher Frank!... quelle terrible blessure!...

DONNOR.

Une ligne du cœur!... du meilleur cœur que j'aie rencontré en ce monde!... Voyez-vous, monsieur Gérard, il me semble que je l'ai aimé toute ma vie... Si vous saviez comme il est bon et généreux!...

GÉRARD.

Je le sais... ne suis-je pas son ami?

DONNOR, *chaudement.*

Son véritable ami, par exemple!... J'en lèverais la main!... Voyez-vous, Votre Honneur, je l'aime tant que je devine ceux qui l'aiment... Vous, je vous laisserais avec lui, tout seul, tant qu'on voudrait... et je dormirais sur les deux oreilles!...

DONNOR, *souriant.*

Est-ce qu'on a tenté de vous l'enlever, mon brave Donnor?

DONNOR.

Je m'entends... Si j'étais un gentleman, sachant lire et écrire, peut-être en dirais-je plus ... Mais enfin nous l'avons tiré de là que Dieu soit béni!

GÉRARD.

Dieu beaucoup.... et un peu ce digne et savant docteur Moore...

DONNOR.

Oui... oui... le digne... le savant docteur Moore! — Moi, voyez-vous... mais je me trompe peut-être...

GÉRARD.

Que voulez-vous dire?

DONNOR.

Rien qui vaille, sans doute. — Ce n'est pas un pauvre ignorant comme moi qui a le droit de parler... pourtant... Enfin, n'importe...

GÉRARD.

Vous avez quelque chose contre le docteur?...

DONNOR.

Eh bien!... mais non! Il a sauvé Franck Perceval, après tout... Cependant, je pourrais..... Non, je dirais quelque sottise..... j'aime mieux aller prévenir M. Frank de votre arrivée.

GÉRARD.

Pauvre brave homme!... il a pris le docteur en aversion... pourquoi? bien fin qui saurait le dire!... (*Apercevant Franck, qui vient appuyé sur Donnor.*) Oh! oh! nous voilà debout!... marchant sans appui... bravo!...

SCÈNE II.

LES MÊMES, PERCEVAL.

PERCEVAL.

Encore bien faible, mon cher Gérard...

GÉRARD, *lui serrant la main.*

Mais en pleine convalescence, à ce que je vois, pardieu! Frank, on ne sait comme on aime les gens quand ils se portent bien. (*Il s'assied à côté de Frank.*)

PERCEVAL.

Et quand on se porte bien, on ne sait pas qui vous aime... Merci, Gérard... je n'ignore rien des preuves d'attachement que vous m'avez prodiguées quand j'étais là, cloué sur mon lit. .

DONNOR, *donnant une cravate à Perceval*

Ah! c'est la vérité que c'est un fameux camarade!

PERCEVAL.

Je me croyais isolé en ce monde... mais le malheur m'a fait des amis... Tenez, Gérard, voilà un digne homme (*il montre Donnor*) qui m'a soigné comme s'il eût été mon père...

DONNOR.

Oh!... Votre Honneur!...

PERCEVAL.

Un dévouement de toutes les heures!... de toutes les minutes!

DONNOR, *confus.*

N'allez-vous pas me remercier!... si j'avais eu l'occasion de me faire casser la tête pour l'amour de vous, à la bonne heure!

GÉRARD, *lui frappant sur l'épaule.*

Ce bon Donnor!...

PERCEVAL.

Tout cela parce que je lui ai donné un morceau de pain par hasard, un jour qu'il avait faim...

DONNOR.

Un morceau de pain... oui... et de bonnes paroles... et des consolations... et de l'espoir... et surtout de l'amitié! Oh! pour cette amitié-là, je vous ai voué ma vie, moi! Je n'avais que ça!

PERCEVAL.

C'est qu'il dit vrai!... Il m'a donné plus que sa vie, il m'a donné son désir unique, sa passion, son inquiétude de père...

DONNOR.

Mes pauvres enfants!...

PERCEVAL.

Voilà douze jours qu'il reste à mon chevet, lui qui a fait deux cents lieues à pied pour se rapprocher de ses filles. Vous m'aiderez. n'est-ce pas, Gérard, à récompenser Donnor?

DONNOR, *se redressant.*

Me récompenser!...

PERCEVAL.

Comme vous méritez de l'être... Nous vous rendrons vos filles... n'est-ce pas, Gérard?

GÉRARD.

S'il ne tient qu'à moi...

PERCEVAL.

Nous vous les rendrons, mon ami... (*Donnor lui baise la main les larmes aux yeux.*)

DONNOR.

Il me semble que ça me porterait bonheur de les retrouver par vous!

GÉRARD, *à Perceval.*

Je sais une personne qui va être presque aussi contente que moi!

PERCEVAL, *pâlissant.*

Gérard, je n'osa[is] pas vous demander des nouvelles... (*Donnor va chercher de la tisane.*)

GÉRARD, *gaiement.*

Ma foi, vous m'avez l'air de force à supporter parfaitement votre bonheur...

PERCEVAL.

Mon bonheur !...

GÉRARD.

Tant pis si le cher docteur m'accuse d'indiscrétion ou d'imprudence ! je ne peux pas me taire... Mon ami, à quelque chose malheur est bon... votre blessure a fait merveille !... Lord Trevor, le brave et loyal seigneur, a passé de votre côté... Lady Campbell a eu beau faire... lorsque miss Mary a su que vous étiez en danger de mort, elle a rompu le charme.

PERCEVAL.

Elle m'aime encore...

GÉRARD.

Toujours, plus que jamais !... Rio-Santo, qui est, à tout prendre, un vrai gentleman, a senti le coup et se tient à l'écart... Il n'y a que la maudite tante, très-spirituelle et très-dévouée, qui ne s'avoue pas vaincue... elle a changé de tactique... D'accord ou non avec Rio-Santo, je ne saurais le dire, elle a ouvert une autre tranchée... (*Entrée de Moore, qui vient dans le salon à la porte de Perceval, et qui écoute.*) Ce sont de vagues rapports, des lettres anonymes... Bref, on est parvenu à rendre Mary jalouse...

PERCEVAL.

Jalouse?...

GÉRARD.

Jalouse comme Hermione !...

PERCEVAL.

Quelle calomnie !... Je suis donc entouré de piéges ? Mais vous, Gérard, vous qui maintenant connaissez toute ma vie, comment n'avez-vous pas dit à miss Trevor...

GÉRARD.

J'ai dit tout ce qu'on peut dire... mais elle se représentait toujours une femme au chevet de votre lit de douleurs... Une femme que vous aviez amenée de France...

PERCEVAL.

Infâme mensonge !... Je le vois bien, la tante est très-ingénieuse, très-dévouée... au marquis de Rio-Santo ! — Mais comment désabuser Mary ?... Encore si je pouvais la voir...

GÉRARD.

Eh bien !... cela n'est pas impossible...

PERCEVAL.

Que dites-vous, mon ami ? Oh ! ne me cachez rien !...

GÉRARD.

Miss Mary vous aime... elle aussi brûle du désir de vous voir...

PERCEVAL.

Oh ! qu'elle vienne ! qu'elle vienne ! et il ne me faudra qu'un mot pour la convaincre que ma pensée, que mon cœur, mon amour, sont à elle, à elle seule !...

GÉRARD.

Calmez-vous ; votre médecin me grondera pour l'émotion que je vous cause. A bientôt, Franck !. (*Riant.*) Préparez-vous à une surprise aujourd'hui peut-être, et si vous avez amené une belle de France, cachez-la bien... ou gare à vous ! (*Il fait un geste de gaie menace et sort. — Dans le salon.*) Oh ! le docteur !

PERCEVAL, *à Donnor.*

Mary !... Mary !... Comprends-tu, Donnor ?... Revoir Mary !

DONNOR.

Votre Mary à vous... Oui... (*Apercevant Moore par la porte ouverte.*) Quand cet homme arrive... je ne sais pas pourquoi mon cœur se serre... (*Donnor baisse la tapisserie.*)

SCENE III.

MOORE, GÉRARD.

GÉRARD, *traversant le salon pour s'en aller.*

Ah ! docteur, vous avez fait là une belle cure !...

MOORE.

S'il n'a pas de fièvre ce matin, tout est fini.

GÉRARD.

Pas l'ombre de fièvre !... Miss Mary sera de vos amies, docteur ! Pardon, je vous quitte ; je cours chez lord Trevor. Adieu, adieu... Cher docteur, il n'y a pas un homme qui vous soit comparable dans tout Royal-Collége !...

SCENE IV.

MOORE, *seul.*

Si l'on n'y mettait bon ordre, monsieur le marquis de Rio-Santo se débarrasserait trop aisément de ce mariage. Mais que faire ?... Le temps presse... Voyons !

DONNOR, *dans la chambre de Frank.*

Qu'est-ce qu'il a donc à se parler tout seul ?

MOORE.

La jalousie ! Miss Trevor jalouse... Elle doit venir aujourd'hui même. (*Il réfléchit.*) Si lorsqu'elle viendra, elle trouvait installée ici... Pourquoi pas ?... Oui... l'idée me plaît. (*Il semble se raviser et met la main à sa poche.*) Mon flacon. (*Avec triomphe.*) M'y voilà. (*Il entre dans la chambre de Perceval, qui est étendu sur une chaise longue.*)

SCÈNE V.

Dans la chambre de Franck.

MOORE, PERCEVAL ; *la draperie qui sépare les deux pièces retombe et se ferme derrière le docteur. A son entrée Perceval se soulève sur son lit de jour.*

PERCEVAL.

Eh ! bonjour, docteur ; je vais bien, je vais admirablement bien !

MOORE.

Vous avez un visage radieux. (*Il lui tâte le bras.*) Le pouls est excellent !... Allons, monsieur Perceval, deux ou trois jours de repos, et il n'y paraîtra plus.

PERCEVAL.

Grâce à vos bons soins, cher docteur, et grâce à votre habileté sans rivale...

MOORE, *d'un ton paternel.*

Et grâce à un peu de bonheur qui a coulé comme un baume sur notre blessure.

PERCEVAL, *lui prenant la main.*

Eh bien ! c'est vrai, docteur... La joie est encore plus puissante que vos remèdes... Je me sens renaître... La vie déborde en moi... Le sang qui coule dans mes veines est jeune et vivifiant. Je suis fort, parce que je suis heureux. (*Tout en parlant, il entre dans le salon, appuyé sur le bras de Moore.*)

MOORE.

Eh bien ! venez, venez maintenant. J'aime mes malades comme on aime ses enfants, et je veux essayer vos forces. Maintenant, parlez de votre bonheur.

PERCEVAL.

Mais vous savez donc ?...

MOORE.

Gérard m'a tout confié... Tout, même la jalousie de miss Trevor. La jalousie ! c'est une preuve d'amour, la meilleure !

PERCEVAL.

Oh ! c'est ce mot de jalousie qui m'a fait espérer, car je doutais encore... Et comprenez-vous combien il me sera facile de la désabuser ?...

DONNOR ; *il soulève la tapisserie.*

Encore ici !... Ce docteur reste bien longtemps aujourd'hui... Je voudrais sortir ; mais non.

PERCEVAL.

Je n'aurai qu'un mot à lui dire pour la convaincre.

MOORE, *distrait.*

Vous avez raison.

PERCEVAL, *s'échauffant.*

Un seul mot !... Et ce Rio-Santo, mon rival, aura beau calomnier désormais...

MOORE.

Ce sera en pure perte ! (*Il lui prend le bras.*) Ne parlez plus.

PERCEVAL.

Pourquoi ?

MOORE, *tirant une fiole de sa poche.*

La fièvre vient. (*Il se lève et va prendre un verre. A part.*) Ce mot, vous ne le prononcerez pas, monsieur Perceval !

DONNOR, *dans la chambre de Perceval.*

Une fiole !... Toujours cet homme me fait peur... Que lui verse-t-il ?...

PERCEVAL.

La fièvre ?... Il me semble...

MOORE, *revenant.*

Buvez cela...

DONNOR, *effrayé.*

Il va boire ! (*Il entre dans la chambre.*)

Qu'est-ce ?

DONNOR.

Rien... C'est moi... (*Il regarde Moore.*)

PERCEVAL.

Il me semble que je n'ai pas de fièvre... Mais ma confiance en vous est si grande!... (*Il se lève.*) Tenez... je voyais tout quand vous me croyiez insensible... Je vous étonnerais si je vous disais... Un jour... votre aide venait de placer sur ma blessure un linge où l'on avait versé quelques gouttes d'un liquide dont l'odeur étrange me donna comme un vertige.

DONNOR, *à part.*

C'est vrai!

PERCEVAL.

Ai-je rêvé cela?

MOORE.

Je n'ai pas souvenir...

DONNOR, *à part.*

Tu mens, toi! (*Moore se retourne; Donnor devient impassible.*)

PERCEVAL.

Une main... la vôtre, sans doute...

DONNOR, *à part.*

Non!... pas la sienne!

PERCEVAL.

Une main saisit le linge et l'arracha... Il me sembla qu'on me sauvait de la mort...

DONNOR, *à part.*

Mon Dieu! vous m'aviez donc bien inspiré!

PERCEVAL.

Aussi, j'ai confiance en vous, docteur.

MOORE, *prenant le verre.*

Buvez!

DONNOR.

Permettez... (*Il saisit le verre.*)

MOORE.

Quoi!

PERCEVAL.

Qu'y a-t-il, Donnor?

DONNOR.

Il y a... Il y a que je n'ai pas confiance dans ce breuvage!...

PERCEVAL, *l'arrêtant.*

Donnor!

DONNOR.

Monsieur?...

PERCEVAL.

Pas un mot! Si vous m'aimez! donnez-moi ce verre. (*Il s'assied et boit.*) Docteur, pardonnez-lui à cause de son affection pour moi.

DONNOR, *à Moore.*

Monsieur, excusez... Il paraît que j'ai eu tort!

MOORE.

Vous êtes un bon serviteur, et comme les bons serviteurs sont rares... je leur pardonne même les excès de leur zèle. (*A Perceval.*) Vous n'avez plus besoin de moi?

PERCEVAL.

Non, mon bon docteur.

MOORE.

Alors, je vous laisse; mais je reviendrai!...

PERCEVAL.

Je me sens comme engourdi... Cependant je me sens bien... très-bien... Il me semble que j'ai envie de me reposer. (*Il se lève.*) Donnor, votre bras... Au revoir, docteur; au revoir... (*Donnor donne le bras à Perceval, qui entre dans le cabinet, s'assoupit sur son lit de repos.*)

MOORE, *en sortant.*

Jusqu'à présent, tout va bien...

SCÈNE VI.

DONNOR, *seul. Il entre dans le salon, à la suite de Moore.*

Il est parti! — Malgré l'assurance de monsieur Perceval, mes soupçons ne sont pas dissipés... Pourquoi ce sommeil lourd et subit?... Cela n'est point naturel!... Si je le réveillais?... Votre Honneur!... Monsieur Perceval!... Rien! — Ah! mais ce sommeil!... Que lui a-t-il donné?... Si c'était du poison... (*Il revient dans la salle n° 1.*) Ah! je suis fou! — Ils ont dit que j'étais fou!... Comment faire pour savoir?... Il a tiré un flacon de sa poche... Il a versé l'eau du flacon dans ce verre... Rien!... j'aurais dû lui dire!... j'aurais dû m'opposer à son départ, jusqu'à ce qu'il m'eût donné ce flacon... Enfin, j'aurais dû.. Ah! le voici! (*Il saisit le flacon qui est resté sur une table.*) Maintenant, je saurai la vérité!... Une étiquette!... Qu'y a-t-il là?... Malheur! je ne sais pas lire!... On vient... Encore le docteur! (*Le docteur entre, suivi d'une femme voilée. Donnor est au fond. — Le docteur traverse le salon en silence, et fait entrer Suzannah dans la chambre à coucher.*)

DONNOR.

Une femme!... amenée par lui!...

SCÈNE VII.

SUZANNAH, MOORE, *dans la chambre à coucher*; DONNOR, *puis* GÉRARD, *dans le salon.*

SUZANNAH.

Où m'avez-vous conduite? Un jeune homme!...

MOORE.

Silence!... Vous avez juré d'obéir...

SUZANNAH.

Ne puis-je au moins savoir?...

MOORE.

Vous saurez tout.

GÉRARD, *entrant.*

Donnor.

DONNOR, *à Gérard.*

Ah! c'est vous! Dieu soit loué!

GÉRARD, *gaiement*

Elle arrive.....

DONNOR.

Je sais.....

GÉRARD.

Comment... vous savez?...

DONNOR, *montrant le flacon,*

Oui... oui... Au nom du ciel, qu'est-ce que cela?...

GÉRARD.

Pourquoi...

DONNOR.

Répondez. — Répondez.

GÉRARD.

Il s'agit encore de vos soupçons contre le docteur. Ah ça, croyez vous donc qu'il veuille empoisonner Franck!

DONNOR.

Je ne sais... Si vous aviez vu l'effet que produit cette eau-là.

GÉRARD.

Elle donne le sommeil, c'est...

DONNOR.

C'est?...

GÉRARD.

C'est du laudanum.

DONNOR, *avec joie.*

Ah! je me suis trompé encore!... Vous êtes bien sûr de ce que vous dites, monsieur Gérard?

GÉRARD, *souriant.*

Parfaitement sûr.

DONNOR.

C'est que je l'aime tant!... Après tout, c'est peut-être un brave homme, que ce docteur Moore... Parlons de la demoiselle... Il vient de l'amener.

GÉRARD.

Qui?

DONNOR.

Le docteur.

GÉRARD, *étonné.*

Quelle demoiselle?

DONNOR.

Parbleu! miss Trevor.

GÉRARD.

Ah ça, le brave garçon devient tout à fait fou! —A moins que Frank n'ait vraiment quelque maîtresse!... (*Il va pour entrer chez Frank.*)

DONNOR.

Un monsieur et une autre dame!

GÉRARD, *allant à la rencontre de lord Trevor et Mary.*

Miss Mary!... Milord!... Vous ne vous êtes pas fait attendre.

DONNOR, *à part.*

Miss Mary!... Qui est-ce donc que l'autre?... (*Il est très-agité et embarrassé.*)

SCENE VIII.

LES MÊMES, LORD TREVOR, MARY.

LORD TREVOR.

Vous l'avez prévenu ?...

GÉRARD.

Oui... Sans doute... Veuillez attendre...

MARY.

Attendre ?... Serait-il plus mal ?...

GÉRARD, *embarrassé.*

Non... certes... (*A part.*) Sais-je, moi, ce qu'il y a derrière cette porte ?

SUZANNAH, *dans la chambre de Perceval.*

Monsieur !... Que dois-je faire ?...

MOORE, *s'approchant de la draperie et écoutant attentivement.*

Patience !...

MARY, *s'élançant vers Gérard.*

Monsieur Gérard !... je tremble...

GÉRARD, *essayant de sourire.*

Il n'y a plus de quoi trembler, mademoiselle.

DONNOR, *à part.*

Cette femme ?... cette femme ?...

MARY.

Que se passe-t-il donc ici ?... Cette réception est étrange...

GÉRARD.

Il faut nous excuser, miss Mary... Dans la maison d'un malade il y a toujours un peu de trouble... d'inquiétude...

MARY.

Ah ! monsieur, on nous cache quelque chose !... (*Elle se lève.*

GÉRARD, *embarrassé.*

Du tout ! Que vous cacherait-on ?..... Il n'y a pas le moindre mystère ? (*Lord Trevor et Mary échangent un regard.*)

MARY.

Puisque nous sommes ici une cause de gêne et d'embarras... venez... mon père...

LORD TREVOR.

Comme vous voudrez, ma fille.

GÉRARD.

Milord, un moment, de grâce !..... Je vous proteste... (*A Donnor.*) Venez donc à mon secour, vous !...

DONNOR.

Mademoiselle... Milord... Je ne...

TREVOR, *à Donnor.*

C'est bien... Un mot, brave homme ! (*Il l'entraîne à l'écart. Mary et Gérard causent à voix basse.*

MOORE, *dans la chambre, à Suzannah, bas et rapidement.*

Suzannah. — Approchez-vous de ce jeune homme. (*Impérieusement.*) Approchez-vous !... (*Suzannah s'approche. Moore lui parle bas.*)

TREVOR, *à Donnor.*

Vous ne me trompez pas ?...

DONNOR, *avec embarras.*

Non... Milord...

SUZANNAH, *à Moore.*

Quoi ! vous voulez !...

MOORE.

Pour lui sauver la vie... Il le faut.

TREVOR, *à Donnor.*

Eh bien ! alors j'entrerai...

MOORE, *à Suzannah.*

Penchez-vous sur son front... Obéissez !... (*Au moment où lord Trevor entre dans la chambre de Perceval, Suzannah s'incline sur le front de Perceval, et y dépose un baiser. Lord Trevor s'arrête ; miss Mary, qui s'est penchée pour voir ce que va faire son père, surprend l'action de Suzannah.*)

MARY.

Une femme !... Ah ! mes pressentiments !... Monsieur Gérard ! pourquoi m'avez-vous fait venir ici ?... Mon Dieu, mon Dieu ! Ah !... (*Elle chancelle.*)

GÉRARD.

Mon Dieu !... mon Dieu !... Elle se trouve mal !...

TREVOR, *à Moore, qui vient.*

Docteur !... Rendez-moi ma fille !...

MOORE.

Ce ne sera rien, milord... rassurez-vous.

SUZANNAH, *qui s'est retournée.*

Une jeune fille... Ma bienfaitrice ! Mon Dieu, qu'a-t-elle donc ? (*Elle s'avance dans le salon. Donnor la considère attentivement.*

GÉRARD.

Elle revient à elle. Elle rouvre les yeux.

TREVOR, *à Donnor.*

Faites avancer ma voiture...

GÉRARD, *à Donnor, qui considère toujours Suzannah.*

Allez, mon ami, allez donc !...

DONNOR.

Oui... oui... J'y vais... (*Il sort à pas lents.*)

SUZANNAH, *s'approchant tout à fait de Mary.*

Mademoiselle ! — Si j'osais vous offrir mes soins.

MARY, *la regardant.*

Mon père ! (*Elle se soulève et repousse Suzannah*). Mon père ! (*Elle traverse.*) C'est cette femme !

SUZANNAH.

Qu'ai-je donc fait ?

MARY.

Mon père, emmenez-moi.

TREVOR.

Monsieur Gérard, prenez le bras de ma fille. (*Gérard donne son bras à miss Mary.*) Merci, docteur. (*En regardant Suzannah !*) Rangez-vous. (*A part.*) Quelle impudence !

SCENE IX.

SUZANNAH, MOORE.

MOORE.

Maintenant, prenez mon bras, et venez.

SUZANNAH.

Monsieur, que s'est-il passé ici ? — Je veux le savoir.

MOORE, *souriant.*

Ah ! vous voulez...

SUZANNAH.

Oui, je veux ! — Ce langage vous étonne, Moi, votre servante !... C'est beaucoup d'audace... n'est-ce pas ? Mais je viens d'être insultée... Je viens d'être outragée en face !... et nous ne sommes pas convenus de cela, monsieur !

MOORE.

C'est vrai !

SUZANNAH, *descendant en scène.*

Répondez-moi donc ?... Pourquoi cette jeune fille s'est-elle éloignée de moi avec horreur ? Pourquoi son père m'a-t-il repoussée avec dédain ?... Que leur ai-je fait ?

MOORE.

Peu de chose.

SUZANNAH, *violemment.*

Ne raillez pas, monsieur !

MOOR, *froidement.*

Puisque vous tenez absolument à le savoir, voici le mot de l'énigme... c'est bien simple : Miss Mary Trevor aimait Frank Perceval, et désormais elle ne l'aimera plus.

SUZANNAH.

Pourquoi cela ?

MOORE.

Pourquoi ?... Parce que depuis un instant elle vous croit sa maîtresse.

SUZANNAH, *indignée.*

Sa maîtresse !... sa maîtresse !... moi !... cela est lâche et infâme !... Je vous avais vendu ma volonté, monsieur ; mais je ne vous avais pas vendu mon honneur !...

MOORE, *dédaigneux.*

Votre honneur !... qu'importe ?

DONNOR, *qui s'est avancé.*

Il importe beaucoup, monsieur Moore... à elle d'abord !... ensuite à moi...

MOOR.

A vous !...

SUZANNAH.

Mon père !

MOORE.

Que dit-elle ?...

MARY.

Adieu, Perceval, adieu. (*Elle laisse tomber son mouchoir, Perceval le ramasse.*)

SUZANNAH, *reconnaissant Rio-Santo.*

Lui!... Lui, mon Dieu!...

PERCEVAL, *à Gérard.*

Elle a pleuré.

GÉRARD.

Elle vous aime. (*Rio-Santo salue gravement, au fond du théâtre, lord Trevor, lady Campbell et miss Trevor, qui lui rendent son salut. Pendant ce temps d'autres personnages sont sortis de la chambre des lords: parmi ces personnages on voit passer d'abord l'ambassadeur russe, puis, plus tard, lady Brompton, dont la robe est portée par un page. Le temps d'arrêt provenant des salutations fait que lady Brompton reste un moment avec son page près de la porte des lords.*)

PADDY, *à Snail.*

Elle s'arrête. — A toi!

SNAIL, *s'approchant du page; à part.*

Tiens! c'est Bobby! quelle chance!... (*Haut.*) Bobby, mon fils, voici une couronne... va te divertir, et donne-moi la queue de cette noble dame. Va, te dis-je; si elle s'aperçoit du changement de page, cela me regarde. Je dirai que je suis ton frère, et que je te remplace. Va. (*Le page de lady Brompton s'éloigne; Paddy le fait sortir vivement par la porte de Bob. Snail prend la robe de lady Brompton, et marche gravement derrière elle.*)

SCENE VII.

PADDY, RIO-SANTO, PERCEVAL, SUZANNAH, BOB. (*Au moment où le défilé est presque terminé, Rio-Santo descend près de Perceval.*)

PERCEVAL.

C'est cet homme qui est mon rival!

L'HUISSIER.

Monsieur le marquis, on entre chez la reine

RIO-SANTO, *à Perceval, qui veut remonter.*

Pardon, monsieur... Vous étiez auprès de miss Mary Trevor lorsqu'elle a perdu son mouchoir?

PERCEVAL.

Cette question...

RIO-SANTO.

Cette question est toute naturelle... Étiez-vous, oui ou non, auprès de miss Mary Trevor lorsqu'elle a perdu son mouchoir?

PERCEVAL.

Encore une fois, monsieur, que vous importe?

RIO-SANTO.

Il m'importe beaucoup, monsieur, attendu que vous l'avez ramassé, or, nul n'a le droit de ramasser le mouchoir de miss Trevor, et surtout de le garder..... si ce n'est moi.....

PERCEVAL.

Si ce n'est vous.....

RIO-SANTO.

Si ce n'est moi... son fiancé...

SUZANNAH.

Mon Dieu! ai-je bien entendu!...

RIO-SANTO.

En conséquence, monsieur, je viens vous prier de me rendre ce mouchoir. Après l'explication que je viens de vous donner, il serait sans intérêt pour vous de le conserver.

PERCEVAL.

Vous vous trompez, monsieur, — car, comme vous, j'aime miss Trevor; — comme vous j'ai été son fiancé.

RIO-SANTO.

Ah! pardon! — M. Franck Perceval!...

PERCEVAL.

Lui-même...

RIO-SANTO.

Je savais tout... monsieur... Lady Campbell m'avait appris... j'espérais... nous espérions que l'absence...

PERCEVAL.

Pour qui parlez-vous, monsieur?

RIO-SANTO.

Je parle pour moi... pour lady Campbell...

PERCEVAL.

Voilà tout, voilà tout!... Je vous déclare menteur si vous prononcez un autre nom!

RIO-SANTO, *lentement.*

Et aussi pour miss Mary Trevor.....

PERCEVAL.

Menteur!... menteur!...

GÉRARD, *s'interposant.*

Silence! au nom du ciel, silence!

RIO-SANTO.

Monsieur Perceval, je ne crois pas avoir été au devant de votre provocation. — Qu'il soit donc fait suivant votre volonté.

PERCEVAL.

Ma volonté est que l'un de nous meure,—et je remercie Dieu de trouver en vous un cœur de gentilhomme!... A demain!... (*Musique.*)

RIO-SANTO.

A demain! (*Il suit le défilé avec le plus grand calme.*)

SUZANNAH.

Il aime cette jeune lady... Et cette jeune lady est ma bienfaitrice!... Oh! son baiser est encore là, sur mon front, mais maintenant il me brûle?.....

SCENE VIII.

SNAIL, PADDY, SUZANNAH, BOB.

SNAIL, *accourant près de Suzannah.*

Vite... vite!... cachez ceci dans votre poitrine...

PADDY.

C'est fait! — Bien! en route!... (*A Suzannah.*) Marchez, marchez donc! — Comme vous êtes pâle.

SUZANNAH.

Qu'est ceci? Des diamants!

SNAIL.

On s'agite là-bas... On vient... vite! vite!

PADDY, *entraînant Suzannah.*

Cachez, cachez, par le diable, — et sortons!... Il ne fait pas bon ici pour nous... Place, Bob! (*Paddy, Snail et Suzannah sortent vivement.— On remarque au fond du théâtre une grande agitation.*)

LE CHEF DES HUISSIERS, *accourant.*

Hallebardiers, fermez les portes! que nul ne puisse plus sortir du palais...

BOB, *croisant sa hallebarde.*

Soyez tranquille, mon bon monsieur, personne ne sortira maintenant par ici!...

QUATRIÈME TABLEAU.

La chambre ronde de Rio-Santo.

SCENE I.

RIO SANTO, puis PHÉGOR, *petit nègre.* (*Rio-Santo entre en costume de cheval très-élégant. Il a des pistolets sous son pardessus, qu'il ôte pour rester en redingote et bottes molles. Il jette les pistolets sur une table et les regarde un instant. Puis il fait un geste d'ennui et appelle.*)

RIO-SANTO.

Phégor! (*Le nègre paraît aussitôt.*) Frappe sur le gong.

PHÉGOR.

Combien de coups, maître?

RIO-SANTO.

Cinq coups. (*Il se jette dans un fauteuil. — Phégor frappe cinq coups sur le gong. — Au cinquième coup les cinq portes s'ouvrent à la fois. — A la première paraît Falkstone, à la deuxième Walter, à la troisième Smith, à la quatrième Fanny, à la cinquième Peter Practice avec un grand abat-jour vert sur les yeux. — Phégor avance des siéges et sort. Les nouveaux arrivants saluent Rio-Santo respectueusement; il leur fait signe de s'asseoir.*)

RIO-SANTO.

J'ai besoin d'argent.

PETER, *à part.*

Toujours!...

SMITH.

Nous sommes à votre disposition, milord. (*Les autres saluent.*) Combien faut-il à votre seigneurie?

RIO-SANTO.

Dix mille livres.

TOUS.

Dix mille livres!...

RIO-SANTO.

Pour ce soir.

FALKSTONE.

Pour ce soir !...

FANNY.

Je suis prête, milord... Tout ce que j'ai est à vous.

RIO-SANTO, *doucement.*

Je le sais, Fanny... Mais vous, Peter ?

PETER.

Je suis prêt.

WALTER.

Je suis prêt.

FALKSTONE.

Je suis prêt... prêt à convenir que tout cela ne vaut pas le diable !... Je sais le respect que je vous dois, milord... mais on n'a jamais vu dépenser l'argent comme cela !... (*Avec componction.*) L'argent qui est si rare ! !... Nous voici cinq notables commerçants : monsieur Peter tient un change office qui fait quelques bonnes petites affaires ; mistress Fanny Bertram a des cachemires comme on n'en voit pas dans l'Inde, des dentelles, que sais-je ?.. de la coquetterie, enfin, pour plusieurs millions !... Monsieur Walter tient les draps de France, et Londres entier se fournit chez lui... monsieur Smith fait concurrence à la Compagnie des Indes... et moi je suis le plus riche orfèvre de la Cité. Eh bien ! pour notre malheur, nos cinq magasins s'alignent autour de ce centre maudit, qui est percé comme le tonneau des Danaïdes !... tout ce que nous gagnons y passe...

RIO-SANTO.

Pardieu ! messieurs, je vous admire !... de quoi vous plaignez-vous ? Vous laisse-t-on manquer de marchandises ?... la police vous inquiète-t-elle ?... Combien vous coûtent vos bijoux, monsieur Falsktone ? vos draps, monsieur Walter ? vos bank-notes, maître Peter ?...

TOUS.

C'est vrai.

RIO-SANTO.

Fanny, vous ne me donnerez rien aujourd'hui... Ces messieurs paieront pour vous ; cela me plaît. (*Tous s'inclinent.*) Monsieur Smith fournira mille livres.

SMITH.

Oui, milord.

RIO-SANTO.

Monsieur Walter deux mille livres.

WALTER.

Oui, milord.

RIO-SANTO.

Monsieur Peter trois mille livres... (*Peter s'incline.*) Et maître Falkstone quatre mille livres.

FALKSTONE.

Je ne les ai pas...

RIO-SANTO.

Il faudra les avoir.

FALKSTONE.

Impossible !

RIO-SANTO.

Je le veux !

FALKSTONE, *s'inclinant à son tour.*

Soit !

RIO-SANTO.

Y a-t-il des rapports ce matin ?

SMITH.

Quant à moi, milord, rien de nouveau.

RIO-SANTO.

C'est bien. Et vous, Walter ?

WALTER, *donnant le sien.*

Voici mon rapport.

RIO-SANTO, *le lisant.*

Ah ! comment ne me disiez-vous pas cela, Walter ?

WALTER

J'attendais les ordres de milord...

RIO-SANTO.

C'est très-grave, messieurs, très-grave ! Une fois le soupçon fixé sur les gens de la famille, on aurait bien vite découvert toute la vérité... Et vous dites que c'est dans la paroisse de Saint-Gilles que se tiennent ces réunions signalées à la police ?

WALTER.

Oui, milord.

RIO-SANTO.

C'est grave !... Quel est le chef du bureau de police de Saint-Gilles ?

WALTER.

Un magistrat habile...

RIO-SANTO, *raillant.*

Habile... C'est bien.

WALTER, *sérieusement.*

Habile... et honnête... tout à fait honnête, milord...

RIO-SANTO.

Alors, c'est autre chose... Il faut qu'il soit remplacé demain.

WALTER.

Remplacé !... Je n'en vois guère le moyen... milord.

RIO-SANTO.

Il le faut. Écrivez au chef de la police métropolitaine que je désire lui parler... Qu'il vienne sur-le-champ...

WALTER.

Sa seigneurie ne se dérange pas volontiers.

RIO-SANTO.

Sa seigneurie se dérangera... Qu'est cela, Falkstone ?

FALKSTONE.

Mon rapport au sujet de ces diamants d'hier... Je propose au conseil de la nuit de les faire passer immédiatement en Hollande, où ils seront plus en sûreté qu'ici.

RIO-SANTO, *à Walter qui écrit.*

Expliquez à sa seigneurie que je veux lui parler au sujet des diamants dérobés hier à Saint-James...

FALKSTONE.

Milord, y pensez-vous ?

RIO-SANTO, *à Walter.*

Écrivez ! — Où sont ces diamants, Falkstone ?

FALKSTONE.

Milord...

RIO-SANTO.

Les avez-vous ?

FALKSTONE.

Oui, milord... mais...

RIO-SANTO.

C'est bien... allez les chercher et apportez-les-moi.

FALKSTONE.

Je ne sais...

RIO-SANTO.

Allez, Falkstone... Ne me forcez pas à vous prier une seconde fois...

FALKSTONE, *à contre-cœur.*

J'obéis, milord... J'obéis. (*Il sort. Walter apporte à Rio-Santo la lettre qu'il vient d'écrire.*)

RIO-SANTO.

C'est bien !... Qu'on porte cette lettre sur-le-champ.

PETER.

Milord n'a plus d'ordres à nous donner ?

RIO-SANTO.

Non ; vous pouvez vous retirer. Allez, messieurs... Ah ! qu'on passe à l'ambassade russe, et qu'on demande à sa Grâce le prince Dmitri Tolstoï s'il peut me recevoir ce matin. (*A Fanny.*) Restez, Fanny. (*Tous sortent.*)

SCÈNE II.

RIO-SANTO, FANNY.

RIO-SANTO.

Vous êtes mon amie, vous !

FANNY.

Votre sœur, milord ; ma mère nous a nourris tous les deux. Pauvres tous les deux, nous avons quitté la chère Irlande, et tandis que ma mère mourait de faim là-bas, moi, je serais morte ici, sans votre généreuse protection.

RIO-SANTO.

La dette que j'avais contractée envers la mère, je l'ai payée à sa fille.

FANNY.

Vous avez fait plus, mylord. Nous nous étions perdus de vue en arrivant à Londres, dans ces flots d'hommes, dans ce tourbillon de misères et de crimes. J'étais seule, sans travail, à bout de mes pauvres ressources ; déjà la détresse me poussait vers le gouffre au fond duquel le vice attend sa proie. — Vous m'avez rencontrée, vous m'avez reconnue, et cependant vous étiez tout jeune fille pourrait l'éloigner de moi pour toujours... Et alors, milord... (*s'échauffant*) une comédie misérable et infâme s'est jouée au chevet d'un homme blessé, qui était mourant la veille! Une femme est venue, instrument innocent de cette honteuse intrigue... Mary a vu cette femme agenouillée près de mon lit..

RIO-SANTO.

Est-ce vrai, Suzannah?

SUZANNAH.

C'est vrai...

PERCEVAL.

Ne le saviez-vous pas, milord?

RIO-SANTO.

A tout autre que vous, monsieur Perceval, je ne permettrais pas cette question, qui est un outrage.

PERCEVAL, *baissant la voix.*

Je suis guéri, milord, et encore à vos ordres.

SUZANNAH, *effrayée.*

Monsieur Perceval...

RIO-SANTO, *à Suzannah.*

Laissez!... (*A Perceval.*) Je puis supporter beaucoup de votre part, monsieur, parce que, sans le vouloir, je vous ai fait beaucoup de mal...

PERCEVAL.

Vous ne niez donc plus?

RIO-SANTO.

J'affirme que j'ignorais complétement...

PERCEVAL, *l'interrompant.*

Cette manœuvre est bien odieuse, n'est-ce pas?

RIO-SANTO.

Infâme!...

PERCEVAL.

Et vous en profitez, milord!... (*Rio-Santo ne répond pas.*) Car je crois comprendre que vous ne renoncez pas à ce mariage..... (*Suzannah regarde Rio-Santo à la dérobée.*)

RIO-SANTO, *après un silence.*

Je n'y renonce pas, monsieur... (*Suzannah baisse la tête.*)

PERCEVAL, *contenant sa colère.*

Je ne vous cherchais pas... Pourquoi vous trouvé-je toujours sur mon chemin?... Milord, je ne veux pas vous dire ici que, pour profiter d'une infamie, il faut être un infâme!...

RIO-SANTO, *pâle.*

Monsieur!...

SUZANNAH, *se jetant entre eux.*

Perceval!... Perceval!... (*Avec autorité.*) Taisez-vous!...

PERCEVAL, *étonné.*

Mademoiselle!...

SUZANNAH, *lui serrant le bras.*

Tout à l'heure je vous disais que j'aimais... Eh bien! celui que j'aime, c'est lui!

PERCEVAL, *reculant.*

Lui!... Et c'est vous qu'on avait choisie!... Je m'y perds... Mais vous l'aimez... malgré ce mariage auquel il s'obstine... malgré...

SUZANNAH.

Malgré tout... malgré moi... en esclave...

PERCEVAL.

Alors, vous lui obéissez... quand il commande?..

SUZANNAH.

En esclave...

PERCEVAL.

Je suis donc perdu?

SUZANNAH.

Pourquoi?...

PERCEVAL.

Parce qu'il vous ordonnera de ne pas voir miss Mary Trevor! Et vous ne la verrez pas!... (*Suzannah baisse la tête.*)

RIO-SANTO, *qui s'est tenu à l'écart, revenant.*

Monsieur Perceval, il m'a fallu quelques instants pour vaincre ce brutal ennemi qu'on appelle la colère .. Il vient de me livrer un rude assaut... Et quoique j'aie fait pour asservir en moi toute passion à ma volonté souveraine, je ne suis qu'un homme; mais les instants sont écoulés, et la colère est vaincue, monsieur Perceval... Vous aviez donné une mission à Suzannah... J'ai compris qu'elle doit expliquer à miss Trevor le mystère de cette comédie, jouée à votre chevet... J'ai compris que devant cette explication la jalousie de miss Trevor devra tomber sans doute... et que sa main, prête à signer ce contrat qui nous unit, devra jeter la plume. — Eh bien! je vous donne ma parole d'honneur que miss Suzannah remplira la mission que vous lui avez confiée, si nul autre que moi ne l'en empêche...

PERCEVAL.

Est-il possible!

RIO-SANTO.

Si Dieu veut que vous me connaissiez jamais, monsieur Perceval, vous serez mon ami...

PERCEVAL, *tendant la main à moitié.*

Milord, si j'étais sûr...

RIO-SANTO.

Ne vous avancez pas... Ce mariage se fera...

SUZANNAH.

Entendre cela, mon Dieu!...

PERCEVAL, *retirant sa main.*

Ah!... vous jouez avec ma détresse!...

RIO-SANTO.

Suzannah verra miss Mary Trevor... Et vous pouvez être heureux si l'on vous aime...

PERCEVAL, *baisant la main de Suzannah.*

Oh! j'ai confiance dans le cœur de Mary.

RIO-SANTO.

Suzannah sera libre dès que j'aurai pu l'entretenir un instant sans témoins...

PERCEVAL.

Je me retire... Mais...

RIO-SANTO, *avec dignité.*

Ne craignez rien de cette entrevue, monsieur... Ce que je viens de vous promettre, je vous le promets une seconde fois sur l'honneur!...

PERCEVAL.

Il suffit, milord... (*Il salue. A Suzannah.*) Adieu, mademoiselle; mon seul espoir est en vous. (*Il sort.*)

RIO-SANTO, *à part.*

Allons, pas de faiblesse.

SCÈNE VI.

RIO-SANTO, SUZANNAH.

SUZANNAH.

Enfin, nous voilà seuls, milord; expliquez-vous... Oh! je vous en supplie, répondez : dites-moi où finit le rêve, où la réalité commence; dites-moi si j'ai bien entendu; dites-moi si je ne suis pas folle...

RIO-SANTO.

Non, Suzannah, vous n'êtes pas folle, et ce que vous avez entendu est bien la vérité...

SUZANNAH.

Ainsi, vous vous mariez, ainsi vous poussez la cruauté jusqu'à venir me le dire vous-même ici, chez moi!...

RIO-SANTO.

C'est parce que c'est la vérité, que je viens la dire moi-même, ici, chez vous! Pensiez-vous donc que je vous estimais assez peu pour vous laisser ignorer ce mariage?...

SUZANNAH.

Oh! vous me brisez le cœur!

RIO-SANTO.

Je puis vous briser le cœur... mais vous tromper par un lâche mensonge, jamais!

SUZANNAH.

Et vous ne vous êtes pas dit que ce mariage serait mon malheur éternel?

RIO-SANTO.

Vous ai-je promis de vous rendre heureuse?

SUZANNAH.

Ah! vous avez raison, toujours raison... comme a raison la loi, comme a raison le bourreau! Prenez garde! Vous n'avez donc pas pensé que je pourrais être jalouse, que cette jalousie ardente, furieuse, bouleverserait tout mon être... qu'elle déborderait de mon cœur, cette jalousie, et qu'elle me donnerait la force de fouler aux pieds ce respect étrange, cette crainte superstitieuse, ce culte que je vous ai voué malgré moi!... Enfin, vous ne vous êtes donc pas dit que, pour l'amour de vous, j'essayerai peut-être contre vous-même, une lutte insensée, mais implacable!

RIO-SANTO.

Essayez!

SUZANNAH.

Un défi!... Ah! ne jouez pas avec mon amour! Je ne m'appartiens plus, songez-y! mon cœur éclate... un mot encore, et je vais tout révéler à miss Mary Trevor!

RIO-SANTO, *traversant.*

Allez!

SUZANNAH, *amèrement.*

Vous mettrez un obstacle sur ma route?

RIO-SANTO.

Moi! j'ai donné ma parole de vous laisser libre.

SUZANNAH, *de même.*

Votre parole?...

RIO-SANTO.

La parole de Rio-Santo! un homme payerait de sa vie un seul doute élevé sur cette parole.

SUZANNAH, *de même.*

Vous ne craignez pas que je dise à lord Trevor ce que j'ai vu cette nuit à Saint-Gilles? Vous ne voulez plus de ma soumission... mais vous comptez encore, je le vois, sur ma générosité!

RIO-SANTO.

J'attendais ce mot-là! ce mot qui trahit le secret de son cœur. De la générosité!... Ainsi, vous pensiez que j'ai besoin de clémence!... ainsi vous avez douté de moi! J'en étais sûr... Les femmes sont ainsi toutes! toutes! elles peuvent aimer et mépriser à la fois! Les apparences m'accusent... Qu'importe? il fallait dédaigner les apparences!... l'évidence semble m'accabler! Qu'importe! il fallait fermer les yeux, madame, et nier l'évidence... C'est ainsi que je veux être aimé..... et vous, c'est un amour mélangé de soupçons outrageants que vous venez m'offrir! Et c'est cet amour qui entraverait ma route! C'est à cet amour que je sacrifierais ma vie et ma volonté reine! Non, non! Vous venez de prononcer votre arrêt et le mien! Allez, Suzannah, allez chez miss Mary Trevor; parlez librement; surtout ne craignez pas que je vous empêche d'arriver jusqu'à elle... Moi, vous susciter des obstacles... oh! non, non, je ne veux pas justifier vos soupçons, et si c'est me trahir que d'aller chez lord Trevor, trahissez-moi... Je ne m'y oppose pas... Je le veux!...

SUZANNAH.

Milord!

RIO-SANTO.

Plus rien! Adieu, Suzannah; combattez contre moi... je vous laisse vos armes... Aimez-moi, détestez-moi... mais estimez-moi! Adieu, Suzannah... adieu!

SUZANNAH, *tombant sur un siége.*

Oh! (*Elle met la main sur son cœur.*)

RIO-SANTO, *sur le seuil.*

Pauvre fille! (*Passant la main sur son front.*) L'Irlande!... Suzannah!... Sais-je bien ce que j'ai dans l'âme? (*Se redressant.*) Oui... je le sais... je le sais, et je le dompterai! (*Il sort.*)

SCÈNE VII.

SUZANNAH, CLARY, *puis* BOB, *déguisé en Irlandais.*

BOB.

Eh bien! j'en ai entendu de belles!... Ah! milord fait de la générosité... ah! nous parlons d'aller chez miss Mary... Nous allons voir... nous allons voir... (*Suzannah reste un moment accablée, puis elle se lève précipitamment.*)

SUZANNAH.

Quoi qu'il arrive, je tenterai ce dernier effort... D'ailleurs, je l'ai promis à Perceval et à mon père... Clary!

CLARY, *arrivant en courant.*

Me voilà!... Es-tu contente à présent?

SUZANNAH.

Oui.

CLARY

C'est un bon gentleman, alors... et je l'aime bien...

SUZANNAH.

Aide-moi, Clary... Mon chapeau...

CLARY.

Tu vas sortir?

SUZANNAH.

Oui, tout à l'heure, mais pas pour longtemps... Vite... vite... ma mante.

BOB, *entr'ouvrant la porte.*

Peut-on entrer?

SUZANNAH.

Quel est cet homme? (*Clary se cache derrière sa sœur.*)

BOB, *clignant de l'œil.*

C'est moi... C'est Owen d'Arleigh... le cousin du père Sam... vous savez bien?

SUZANNAH.

Je ne vous connais pas...

CLARY, *à part.*

Comme il est laid, cet homme!... J'ai peur.

BOB, *éclatant de rire.*

Vous ne me reconnaissez pas... Suky... la grande fille au papa Donnor?... moi, je vous reconnais bien... Ah! dame, oui! je vous reconnais... quoique vous étiez bien plus petite quand vous n'aviez que dix ans... rapport à la différence d'âge... Moi, j'ai pris de la barbe depuis ce temps-là... c'est ce qui fait... Et puis j'ai été grêlé, il y a trois ans, à la Saint-Patrick... ça change un garçon tout de même.

SUZANNAH.

C'est étrange... je ne me souviens pas... Mais que voulez-vous?...

BOB.

Je viens de la part du papa Donnor.

SUZANNAH.

De la part de mon père?...

CLARY, *se rapprochant.*

Je ne le trouve plus si laid!...

BOB.

Le papa Donnor veut vous voir...

CLARY.

Allons vite!

SUZANNAH.

Nous voir!... mais il était convenu que je l'attendrais ici...

BOB.

Dam!... c'est qu'il est arrivé du nouveau... Il faut qu'il se cache en ce moment, le père Donnor!...

SUZANNAH *et* CLARY.

Que dit-il?...

BOB.

Il y a des dangers...

SUZANNAH.

Des dangers!... Ah! mon Dieu! je crains de comprendre.

BOB.

Rassurez-vous... Je ne crois pas qu'il y ait encore grand'chose à craindre, mais il ne faut pas perdre une minute...

CLARY.

Ma sœur!... viens, viens, Rose... Entends-tu? il faut nous dépêcher...

SUZANNAH, *après avoir hésité.*

Allons!

CLARY.

Mon pauvre père!... Oh! mais nous le sauverons, n'est-ce pas, monsieur?

BOB.

Oui, ma belle enfant, nous le sauverons... Passez... passez... mes trésors... Ah! les jolis amours! (*A Suzannah.*) Eh bien! qu'est-ce qui vous prend?... Un poignard!... pourquoi faire?

SUZANNAH.

Pour défendre notre père... et, au besoin, pour nous défendre aussi... (*Bob fait la grimace.*)

BOB, *à part.*

Ma foi! le docteur Moore s'arrangera... Ça le regarde...

SUZANNAH.

Passez devant... nous vous suivons, monsieur. (*Ils sortent.*)

DONNOR.

Oui, son père, monsieur !

MOORE, *s'inclinant.*

Fort bien... les droits d'un père sont les premiers de tous... Je vous laisse avec votre père... Veuillez recevoir mes félicitations... Avant que je m'éloigne pourtant, un mot, s'il vous plaît! (*Il attire Suzannah à l'écart.*) Vous avez promis le silence... (*avec menace*) souvenez vous !

SUZANNAH.

Je ne veux plus d'ordres.

MOORE, *avec une feinte courtoisie.*

Acceptez un humble avis, madame... Gardez le silence, à cause de vous... Et... vous aimez bien votre père, n'est-ce pas?

SUZANNAH.

Monsieur...

MOORE, *durement.*

Gardez le silence à cause de votre père ! (*Saluant et souriant.*) Mademoiselle... Adieu, monsieur Donnor.

DONNOR, *à Moore.*

Je vais interroger ma fille... et nous nous reverrons, monsieur le docteur Moor!...

MOORE, *raillant toujours.*

C'est une menace, je crois !... d'ordinaire les gens comme moi n'ont point de haine contre les gens de votre espèce ; mais moi, je n'ai point d'orgueil, et je ne choisis pas mes ennemis... Peut-être nous reverrons-nous en effet, monsieur Donnor!

DONNOR.

Allez-vous-en! monsieur, allez-vous-en! (*Moore sort lentement.*)

SCENE X.

SUZANNAH, DONNOR.

SUZANNAH.

Mon père !

DONNOR, *la repoussant,*

Suzannah !... qu'êtes-vous venue faire ici?

SUZANNAH.

En y entrant, je l'ignorais, mon père.

DONNOR.

Quels droits cet homme a-t-il sur vous?

SUZANNAH.

Je ne puis le dire.

DONNOR.

Suzannah, pourquoi ces riches habits?

SUZANNAH.

Mon père...

DONNOR.

Suzannah, vous souvenez-vous de votre mère?

SUZANNAH.

Si je me souviens de ma mère?

DONNOR.

C'était un honnête cœur... une âme sans tache... Quand elle est morte, votre nom est venu le dernier sur ses lèvres... Elle me disait : Londres est la ville où les jeunes filles oublient les commandements de Dieu. . mais notre Suzannah est sage... elle nous aime trop pour écouter les conseils du mal... je n'ai pas peur... je m'en vais dans l'autre monde bien tranquille... que Dieu bénisse notre Suzannah!...

SUZANNAH.

Ma mère !... ma pauvre sainte mère !...

DONNOR.

Elle est bien heureuse d'être morte !... Moi, je vis et je vois... Je vous écoute, ma fille !... et j'attends une parole de vous... une parole qui est bien longue à venir!

SUZANNAH.

Mon Dieu !... mon Dieu !...

DONNOR.

Vous n'avez rien à me dire ?

SUZANNAH.

Rien...

DONNOR.

Rien, ma fille?

SUZANNAH.

Écoutez... Je suis innocente... mais je ne puis...

DONNOR.

Est-il des secrets qu'on ne puisse dire à son père?

SUZANNAH.

Si vous saviez?

DONNOR, *violemment.*

Je veux savoir...

SUZANNAH, *à part.*

Ils le tueraient!

DONNOR.

Je veux savoir d'où vous viennent ces riches habits, qui m'on mis le rouge au front quand je vous ai reconnue... L'argent que vous envoyiez en Irlande a rendu moins douloureux les derniers jours de ma pauvre femme... Je veux savoir s'il me faut regretter notre détresse et maudire le matelas de laine où s'est endormie votre mère...

SUZANNAH.

L'argent venait de mon travail.

DONNOR.

Est-ce votre travail qui vous donne ces brillantes parures?

SUZANNAH.

C'est...

DONNOR.

C'est... (*Il va à la porte de Perceval.*) Un jour, ce pauvre jeune homme qui sommeille là (*il ouvre la porte*) sans défiance, s'est mis entre moi et le désespoir, et voilà que pour prix de ses bienfaits... j'apporte le malheur dans sa maison !... Il s'est endormi bien heureux... Que d'espoir !..... tout un avenir d'amour !..... c'est moi qui vais lui déchirer le cœur à son réveil... pauvre Perceval!... lui, si bon !... lui, qui tout à l'heure me disait encore : Mon pauvre Donnor, je vous aiderai à retrouver vos enfants!

SUZANNAH.

C'est trop souffrir !...

DONNOR.

Il vous aimait pour l'amour de moi

SUZANNAH.

Mon père !... mon père !... ayez pitié !...

DONNOR.

Est-ce bien vous qui demandez pitié?... vous qui gardez le silence!...

SUZANNAH.

Vous voyez bien que j'ai l'âme torturée... une main de fer est sur ma bouche et m'empêche de parler... Mon père !... mon bon père !... je vous aime ! Quand je vous ai revu, j'ai cru que j'allais mourir de joie !... Pendant les tristes années de l'absence, je pensais à vous chaque jour... toutes les heures de chaque jour !... Je vous aime !... Que dire ?... si je ne peux pas parler, c'est que je vous aime !... (*Donnor secoue la tête. Suzannah se jette à genoux.*) Croyez-moi !... oh ! croyez-moi !... je vous en supplie... au nom de ma mère, dont ma bouche coupable n'oserait pas profaner le nom !... (*Elle veut prendre la main de Donnor, qui la retire.*)

DONNOR.

Vous avez de belles bagues, Suzannah !

SUZANNAH.

Qu'ai-je fait à Dieu ?... (*Joignant les mains.*) Croyez-moi, mon père ! je vous en supplie au nom de Clary, ma sœur et votre chère enfant!

DONNOR, *tressaillant.*

Clary... c'est vrai... j'ai une autre fille !... je ne veux pas que Clary reste avec nous !

SUZANNAH, *brisée.*

Ah ! je suis trop malheureuse !...

DONNOR.

Je ne le veux pas ! Clary... c'est une enfant... Quand Perceval sera guéri... s'il guérit maintenant... je prendrai Clary par la main, et nous retournerons tous les deux en Irlande... nous serons pauvres... mais celle-là, au moins, je pourrai la mener prier sur la tombe de sa mère !...

SUZANNAH, *se jetant à genoux et prenant la main de son père.*

Mais vous me tuez, mon père !...

DONNOR.

J'ai encore une fille !

SUZANNAH.

Grâce ! grâce !... (*Elle se traîne sur ses genoux. — Donnor recule jusqu'à la draperie en la repoussant, et disparaît dans la chambre de Perceval.*)

DONNOR.

Non, non, laissez-moi... Demandez à votre mère

SCÈNE XI.

SUZANNAH, *seule.*

Grâce!... (*Elle reste un instant affaissée; puis se relevant.*) Oh!... mon père!... tu as beau me frapper, je t'aime!... je t'aime!... (*Avec résolution.*) Eh bien! je les combattrai ces maîtres puissants, qui sont entre moi et mon père!... Il y a une justice ici-bas... et puisque Dieu n'a pas eu pitié de moi, j'aurai recours à la justice des hommes!

SCÈNE XII.

PERCEVAL, DONNOR, SUZANNAH.

PERCEVAL, *revenant à lui.*

Mon Dieu! où suis-je? Il y a comme un voile sur ma pensée! Donnor!... (*Apercevant Donnor, qui a les deux mains sur son visage.*) Qu'y a-t-il?

DONNOR.

Il y a, monsieur, que nous sommes bien malheureux tous les deux!...

SUZANNAH, *tombant à genoux sur le seuil.*

Oh! tous les trois, mon père! ..

SIXIÈME TABLEAU.

Le théâtre représente un *cellar*, ou cave de Saint-Gilles. Grand escalier au fond, piliers en briques, tonnes, brocs, etc., etc.—Les gens de la famille. — Les uns boivent. — Quelques-uns dansent au fond avec des femmes. Sur le devant, il ya un jeu de trente et quarante sur une tonne, et l'on y voit rouler des pièces d'or. — Tableau animé.

SCÈNE I.

SNAIL, PADDY, BOB, TURNBULL, SMITH, MICH, etc., etc.

RONDE DE M. BOUTIN.

AIR de M. VARNEY.

Londres voit fermer ses boutiques,
Mais les passants ne manquent pas.
Alerte! ce sont nos pratiques!
Adroits filous, suivons-les pas à pas.
Mais surtout, pas de bruit :
Songez qu'il est minuit.
C'est l'heure du travail
Des gentilshommes de la nuit.

Narguons polic'men et constables!
L'avenir parlera pour nous.
Avec un amour charitable
Chacun de nous s'occupe au bien de tous.

Vieux milords aux poches garnies,
Jeunes miss aux riches bijoux,
Beaux gentlemen, belles ladies,
Soyez prudents et prenez garde à vous.

SNAIL.

Bravo! bravo! Eh! les autres! nous allons avoir un grand tralala pour ce soir... Nous allons avoir de la société!

TOUS.

De la société?

SNAIL.

Oui. — Des visiteurs entièrement comme il faut, et qui payent gras pour nous voir.

BOB.

Qui ça? Parle donc!

SNAIL.

Au fait! je vous le donnerais en mille, que vous ne le devineriez pas. Eh bien! nous allons avoir le lion des lions, le roi du beau linge, le marquis de Rio-Santo!

TOUS.

Le marquis de Rio-Santo!

SNAIL.

Rien que ça, mes petits! avec un ami à lui..... Monsieur le marquis veut visiter notre établissement de Saint-Gilles, et assister à nos épanchements de famille.

BOB.

Les riches, ça ne se refuse rien!

SNAIL.

Je lui ai promis une soirée extraordinaire... quelque chose dans le très-soigné... Une boxe en partie liée et un combat de coqs...

BOB.

Cristi! ça se trouve bien pour la boxe!..... Mais les coquericos?...

SNAIL.

Ne vous faites pas de mal, papa Bob... on y a pensé. Silence, vous autres!... voilà la compagnie.

BOB, *minaudant.*

Tâchons d'être distingués... Faut faire les honneurs...

SCÈNE II.

LES MÊMES, RIO-SANTO, FANNY.

BOB *et* SNAIL, *s'inclinant.*

Milords...

RIO-SANTO.

Messieurs, mesdames, — que je ne vous dérange pas! Je vous prie de vouloir bien nous pardonner la curiosité peut-être indiscrète qui nous amène parmi vous.

SNAIL.

Il n'y a pas d'offense... Mettez-vous à votre aise; vous êtes ici chez vous.

FANNY.

Il ne croit pas si bien dire.

SNAIL.

Il est assez honnête pour un marquis!

BOB, *bas.*

Histoire de savoir vivre... Nous connaissons ça! (*Haut.*) Si nous lui présentions ton épouse?

SNAIL.

Non pas... non pas... Il faut se méfier de la légèreté des femmes... Imprudent!

FANNY, *à Rio-Santo.*

Mais quel est votre projet en venant ici?

RIO-SANTO.

Curiosité et nécessité... Je veux voir par moi-même. Entre les gens de la famille et moi se placent toujours des agents intermédiaires... Je suis défiant, vous savez... Et à la veille de jouer mon va-tout, je tiens à voir de près ces gaillards... J'ai compté sur eux pour engager la partie...

FANNY.

Dangereux auxiliaires... les vilaines figures!

RIO-SANTO.

Vous n'êtes pas fort rassurée au milieu de ces coquins.

FANNY.

Seule, je n'ai jamais peur, milord. — Quand vous êtes avec moi, je n'ai peur que pour vous.

RIO-SANTO.

Un bon ouvrier doit savoir manier toutes sortes d'outils.

FANNY.

Ceux-là ne sont pas très-propres.

BOB.

Eh! les enfants! préparons la salle de bal.

TURNBULL, *à Bob.*

Dites donc, a-t-on le droit de s'insérer dans les poches de ces biens mis?

SNAIL.

Fi! Bob! fi! On voit bien que tu n'es pas un écuyer, toi. — Moi, je suis écuyer... Williams Snail, esquire! C'est comme ça que je signe ma correspondance.

BOB.

Cependant... les petits besoins de la famille.

SNAIL.

Et l'hospitalité, malheureux!... Les lois de l'hospitalité.

BOB.

Bah! ils n'ont pas mangé le sel avec nous... Le sel, voilà ce qui constitue l'hospitalité.

SNAIL.

C'est vrai. — Ils n'ont pas mangé le moindre grain de sel.....

BOB, *à Rio-Santo.*

Nous avons l'honneur de vous présenter le brave Turnbull, que voici...

SNAIL.

Mon beau frère!...

BOB.

Et le célèbre Mich, connu par dix-sept ans de succès... Approche, Mich! qu'on te voie! Il n'a pas l'œil encore bien débarsouillé du dernier coup de poing qu'il a reçu ; mais ça ne fait rien... Cela ne l'empêche pas d'être un des plus beaux ornements du sexe dont il fait partie. Ces deux gentlemen vous procureront beaucoup d'agrément, milord...

FANNY.

Pas de bataille, s'il vous plaît.

RIO-SANTO.

Messieurs, pas de bataille.

SNAIL.

Vous êtes bien dégoûté, jeune homme!

BOB.

C'est pourtant du nanan, mon beau petit monsieur!... Mais c'est vous qui payez la soirée, vous avez le droit de commander.

SNAIL.

Alors, les coqs, les coqs! Je vais engager Sa Grâce, lord Wellington, contre l'amiral Nelson. Voyez Wellington, admirez Wellington!

BOB.

Voyez Nelson! admirez Nelson!... Une demi-guinée pour Nelson. Je n'aime pas l'autre, moi!

MICH.

Tenu pour le duc et sa perruque!...

UN HOMME DE LA FAMILLE.

Deux livres pour Nelson.

DEUXIÈME HOMME.

Une livre pour Wellington.

BOB.

Allez, les paris! — Wellington contre Nelson!

RIO-SANTO.

D'où viennent ces champions?

SNAIL.

Wellington est de Jersey. — Bonne race, fils de *Malboroug s'en va-t-en guerre* et de *Sidonie*.

BOB.

Nelson vient de Bruxelles. — Bonne race. — Fils de Clara Wendell et de Zi-zi-pan-pan!... Milord, pariez-vous? et vous, monsieur?

RIO-SANTO.

Nous parions tous les deux.

FANNY.

Certainement, je parie... et pour les deux combattants si l'on veut...

LES CHOEURS, *bas.*

Nelson!... Wellington!...

RIO-SANTO, *cherchant sa bourse.*

Parbleu! voilà qui est singulier!

FANNY.

Quoi donc?

RIO-SANTO.

Je n'ai plus ma bourse.

FANNY, *riant.*

Je ne vous offrirai pas la mienne... car je me doute bien... Juste! elle a disparu...

SNAIL, *à Bob et Turnbull.*

Qu'est-ce qu'ils ont?

BOB.

Ils ont égaré leurs médailles. (*Il tire deux bourses de sa poche.*)

SNAIL, *à Bob.*

Ah! malin, c'est toi qui les as...

BOB, *à Snail.*

Ils n'ont pas mangé le sel! (*A Rio-Santo.*) Milord, je crois que vous avez oublié votre bourse. (*A Mich.*) Tiens-moi Nelson. Si vous voulez me permettre de vous prêter quelque monnaie...

RIO-SANTO.

Vous avez, à ce qu'il paraît, confiance en moi?

BOB.

Oh! milord, tout ce que j'ai est à vous!

RIO-SANTO.

Je tiens tous les paris, messieurs!

SNAIL, *sautant.*

Bravo! jamais on ne se sera tant amusé! Rangez-vous, que tout le monde voie... — Allez, Wellington! — Allez, Nelson!... allez!... (*Combats de coqs.*)

SCÈNE III.

LES MÊMES, PADDY, *accourant.*

PADDY.

Finissez cela. — Dieu nous damne tous! Silence et attention!

TOUS.

Qu'y a-t-il? qu'y a-t-il?

SNAIL.

A-t-on jamais vu troubler un jeu innocent?...

PADDY.

Silence! nous sommes perdus! — Sommes-nous tous de la famille, ici?...

TOUS.

Oui! oui!

BOB.

Un instant. — Il y a des étrangers. (*Il désigne Rio-Santo et Fanny.*)

PADDY.

Diable!

RIO-SANTO.

Qu'y a-t-il? — Vous paraissez bien inquiet! Si c'est une nouvelle importante, dites-la... peut-être ne suis-je point de trop.

PADDY.

Sauriez-vous le mot, par hasard?

RIO-SANTO.

Peut-être.

TOUS.

Ah! bah!...

PADDY.

Voyons ça. (*Ils entourent Rio-Santo.*)

FANNY et RIO-SANTO, *en étendant la main.*

Gentilhomme de la nuit!

TOUS, *étendant la main.*

Newgate et Treadmill!...

RIO-SANTO, *à Paddy.*

Vous voyez que vous pouvez parler.

SNAIL, *à Rio-Santo.*

Ah! vous en êtes!... Je vous fais mon compliment, milord!...

BOB.

Enfin, qu'y a-t-il? voyons!

PADDY.

Il y a que nous sommes bien près d'être pendus...

BOB.

Hein? (*Tous se rapprochent.*)

PADDY.

Tonnerre! laissez-moi souffler!... J'ai mis deux minutes à venir de Mary-le-Bone jusqu'ici!... (*A Rio-Santo.*) Écoutez-moi bien, et avisons vite, car nous n'avons pas un quart d'heure devant nous... J'étais au bureau de police (*tous saluent*) pour quelques mauvaises petites amendes encourues par ces drôles, lorsque j'ai vu entrer... Devinez qui?... Je vous le donne en mille!...

SNAIL.

La statue de Trafalgar-square?

PADDY. *Il lève la main. Snail s'esquive.*

Vous ne devineriez jamais!... J'ai vu entrer cette fille que M. Moore a enrôlée!...

RIO-SANTO.

Suzannah!...

PADDY.

Vous la connaissez?...

RIO-SANTO.

Parbleu!... puisque je suis des vôtres...

PADDY.

C'est juste... Eh bien! cette Suzannah... la triple coquine...

BOB.

Que venait-elle faire?

PADDY.

Vous le demandez?... Elle venait tout bonnement dénoncer notre petite affaire de Saint-James... le diamant et le tremblement... Si vous l'aviez vue!... Elle vous avait un air résolu... (*Imitant Suzannah.*) Ces misérables... elle a dit : Ces misérables... ont abusé de mon désespoir... Le diamant que vous avez tant cherché, (*s'interrompant*) car tous les limiers de Londres ont été un moment à la recherche de ce satané diamant, que le diable enlève... Le prince russe avait fait un train d'enfer...

BOB.

Ces Russes ont des petitesses...

PADDY, *reprenant le ton de Suzannah.*

Le diamant que vous avez tant cherché, ces hommes l'ont volé devant moi... Ils se sont servis de moi. — Les reconnaîtriez-vous? a dit l'intendant de police. — Oui, monsieur. — Les dénonceriez-vous? — Oui, monsieur...

BOB.

Eh bien! si celle-là nous tombe sous la main!...

RIO-SANTO.

Après?...

PADDY.

Après, le chef du bureau de police a demandé son escorte... Ils viennent... J'ai vu les constables descendre l'escalier, et se répandre dans la cour comme une nuée de corbeaux.

BOB.

Diable! diable!...

PADDY.

Toute la séquelle va être ici dans deux minutes.

BOB, *désolé.*

J'ai toujours eu l'idée que je serais pendu!...

SNAIL.

On a encore le temps de se donner un peu d'air... (*Il se glisse vers la porte.*)

BOB.

Sauve qui peut!... (*Tout le monde monte l'escalier. On frappe trois coups à la porte.*)

SNAIL.

Où est ma femme?

VOIX, *au dehors.*

Au nom de la loi, ouvrez!... *Snail pousse un miaulement. — Mouvement général de fuite.*)

FANNY, *à Rio-Santo.*

Restons-nous?

RIO-SANTO.

Il n'y a pas d'issue...

FANNY.

Les voilà.

RIO-SANTO.

Rassurez-vous.

PADDY.

Paumés!

BOB.

Marrons!

SNAIL.

Pincés!... Rafle générale! Quel coup de filet!...

SCÈNE IV.

LES MÊMES, SUZANNAH, L'ATTORNEY, CONSTABLES, etc. (*Tout ce cortége descend gravement les marches de la cave. Suzanna est auprès de l'Attorney.*)

PADDY.

M'est-il permis de demander?...

L'ATTORNEY, *sévèrement.*

Vous parlerez quand on vous interrogera!

PADDY.

Il n'est pas doux, ce gentleman!

SNAIL.

Tu as déjà la corde au cou, mon vieux!... (*Bob fait un mouvement comme s'il étranglait.*)

L'ATTORNEY, *au Greffier.*

Asseyez-vous et ecrivez. (*A Suzannah.*) Regardez ces hommes. Reconnaissez-vous parmi eux les coupables que vous accusez?

SUZANNAH.

Oui...

L'ATTORNEY.

Montrez-les.

SUZANNAH, *montrant Snail.*

Voici l'enfant qui était déguisé en page...

L'ATTORNEY.

Et qui portait la queue de Votre Seigneurie!...

SNAIL.

Qu'appelez-vous un enfant? de par Dieu!... Ecrivez, greffier, William Snail, écuyer... Je suis un gentleman!... (*A Mich.*) Où est ma femme?... Rends-moi ma pipe.

SUZANNAH, *montrant Paddy.*

C'est cet homme qui m'a introduite au palais de Saint-James.

L'ATTORNEY, *à Paddy.*

Votre nom?

PADDY.

Un nom sans tache, magistrat!... Paddy O'Chrane, capitaine et honnête homme en disponibilité.

L'ATTORNEY, *au greffier.*

Ecrivez... (*A Suzannah.*) Après... est-ce tout?

SUZANNAH.

Je ne sais... oui.

BOB, *à part.*

Elle ne me reconnaît pas... cher ange!...

SNAIL.

Ne bouge pas... je te cache.

L'ATTORNEY, *à Suzannah.*

Comme vous les accusez ici, vous les accuserez devant le tribunal?...

SUZANNAH.

Je m'y engage.

L'ATTORNEY.

Signez! Messieurs, ce n'est pas la première fois qu'on nous dénonce cet honnête établissement... Si vous le permettez, on va profiter de l'occasion pour prendre votre signalement et vos noms...

RIO-SANTO, *s'approchant.*

Je commence par vous donner le mien, monsieur.

SUZANNAH.

Lui! mon Dieu! lui!

BOB.

A tout seigneur tout honneur!... Il ne boude pas, au moins, le fashionable!

SNAIL, *attendri.*

Ah! dam, ça, c'est bien!... C'est un beau trait!

RIO-SANTO.

Ecrivez: don José Maria Tellez, marquis de Rio-Santo.

SUZANNAH.

Lui!... partout! Mais que va-t-il penser de moi?...

L'ATTORNEY, *se levant.*

Vous ici, milord? Permettez-nous de vous adresser humblement nos respects et nos actions de grâce.

RIO-SANTO, *avec hauteur.*

Et pourquoi cela, monsieur?

BOB, *à Snail.*

Le magistrat blague... c'est bien peu délicat!

L'ATTORNEY, *aux constables.*

Messieurs, remerciez milord! Sa Seigneurie a daigné employer sa haute influence auprès de M. Johnstone...

RIO-SANTO, *l'interrompant.*

Ah! M. Johnstone!...

L'ATTORNEY, *continuant.*

Pour nous procurer les places que nous occupons au bureau de police de Saint-Gilles...

LES CONSTABLES, *saluant.*

Ah! milord!...

RIO-SANTO, *riant.*

Saint-Gilles!... Fanny, qu'en dites-vous?

FANNY, *riant.*

Excellent! parfait!

BOB.

Il rit... bon signe!

SNAIL.

Tiens, tiens! v'là les magistrats qui rient aussi. — Eh! vous autres, rions, puisqu'ils rient! (*Tous se mettent à rire.*)

BOB.

C'est égal, je voudrais bien savoir pourquoi nous avons tant ri!...

RIO-SANTO, *à Bob.*

Dites le mot!

BOB, *stupide.*

Le mot!... Devant les corbeaux?...

RIO-SANTO.

Allons!...

BOB, *timidement.*

Gentilhomme de la Nuit!...

LES GENS DE POLICE, *en chœur, étendant la main.*

Newgate et Treadmill !... (*Tous éclatent de rire ; crescendo de rire, mêlée, transports de gaîté.*)

SNAIL.

Ah ! c'étaient des bons ! En voilà une soirée !... Je m'amuse ! (*Bob et les autres vont donner des poignées de main aux gens de justice.*)

BOB, *riant.*

Ah ! la rate !... Ah ! le ventre !... Ils seront cause de ma mort, c'est sûr !... (*Montrant Rio-Santo.*) C'est égal, le plus malin de nous tous, c'est celui-là !

SUZANNAH, *à part.*

Lui ! dans ce repaire de brigands !... Lui ! leur complice !... Oh ! mais, moi aussi, n'ai-je pas été leur esclave ?...

PADDY, *à Suzannah.*

Vous vouliez faire pincer les amis ? Eh bien ! c'est vous qui êtes dans la souricière.

BOB.

Mon cou se souviendra longtemps de vous, la petite mère.

SNAIL.

Méchante ! — On boit par-là... viens !

PADDY.

On vous avait pourtant dit que notre association était puissante. On vous avait dit que rien au monde, si vous veniez à nous trahir, ne pourrait vous mettre à l'abri de notre vengeance. Vous nous avez trahis, gare à vous !

FANNY, *bas à Suzannah.*

Courage !... il vous sauvera.

TOUS, *au fond.*

Vive le marquis de Rio-Santo !

PADDY.

A moi, les amis ! Voulez-vous juger cette femme ?

TOUS.

Oui... oui ! (*Ils redescendent.*)

PADDY.

La loi de la famille n'a qu'un article. Cet article dit : Tout traître sera puni de mort ! Cette femme mérite-t-elle la mort ?

TOUS.

Oui... oui...

RIO-SANTO.

Un moment ! Je prends cette femme sous ma protection.

PADDY.

Milord !

RIO-SANTO.

Je la prends sous ma protection.... (*Murmures.*)

PADDY.

Milord, votre protection est beaucoup ; mais notre sûreté...

RIO-SANTO.

Je vous demande la liberté de cette femme. . Oubliez-vous déjà que vous me devez vous-mêmes la liberté, peut-être la vie ? Sans moi les magistrats de Saint-Gilles auraient été de véritables magistrats.

BOB.

Ça, c'est juste... mais n'empêche !...

PADDY.

Allons, allons... laissons-la... pour ne pas mécontenter milord.

BOB.

Moi je dis que ça n'est pas spirituel... Tous les commissaires de police ne sont pas gentilshommes de la nuit... Nous aurons du chagrin à cause de ça, vous verrez !

RIO-SANTO, *à Suzannah.*

Vous êtes libre ! — Si vous parliez désormais, Suzannah, ce serait payer le bienfait par la trahison ; ce serait être ingrate et infâme... Jurez-vous de garder le silence ?

SUZANNAH.

Je le jure. (*A part.*) Car maintenant c'est lui que je perdrais !

RIO-SANTO, *aux faux magistrats.*

Allons, messieurs... accompagnez-la... puis vous résignerez vos fonctions entre les mains de M. Johnstone. On aura besoin de vos services ailleurs.

SUZANNAH, *en sortant.*

Mon Dieu ! mon Dieu !

SCENE V.

LES MÊMES, *moins* SUZANNAH.

FANNY, *à Rio-Santo.*

C'est bien, ce que vous avez fait là... c'est bien !

RIO-SANTO.

Messieurs, approchez une table... Et maintenant, Fanny, vous allez connaître le reste de mon secret. (*Il monte un pied sur une chaise et l'autre sur la table.*) Approchez tous, écoutez !... Le hasard a précipité les événements ; il est temps que vous sachiez la vérité. Il y a dix ans que votre chef suprême, le lord de la nuit, a conçu un projet gigantesque. Pour exécuter ce projet, il fallait une force immense : vous êtes une partie de cette force. Notre association, que vous croyiez organisée uniquement pour le crime, cache un autre but. — Vous pouvez être relevés, vous pouvez être absous du passé... Jusqu'ici vous avez eu pour mot d'ordre : Pillage et vol !... Je viens vous proposer de prendre un autre mot d'ordre... Voulez-vous être des hommes ?... Voulez-vous crier avec moi : Irlande et liberté ?... (*Murmures d'étonnement.*)

BOB, *à Snail.*

Tiens, il paraît que nous étions sans nous en douter des filous politiques.

SNAIL, *à Bob.*

Ça s'est vu des politiques qui sont des filous !

RIO-SANTO.

On a mis dix ans à rassembler les foudres qui vont éclater à la fois... L'heure est venue... et pour décider du sort de la bataille, il ne faudra qu'un coup... Le lord de la nuit a compté sur vous... Voulez-vous être ses soldats ?

PADDY.

Au fait !... pourquoi pas ?

TOUS.

Oui... oui...

BOB.

Soldats, nous !... Merci, moi je demande à m'en priver absolument !

PADDY.

Poltron !

SNAIL.

Moi, si l'on me fait tambour major, j'en suis.

RIO-SANTO.

Dans un instant, nul ne craindra plus, car la victoire est certaine. A l'heure où je vous parle, l'Irlande attend le signal de la guerre ; le pays de Galles, prêt à se soulever, fourbit ses armes ; Birmingham et les comtés manufacturiers s'agitent pour la charte du peuple. — Il y a là cinquante mille soldats qui n'attendent qu'un cri parti de Londres pour serrer leurs rangs et marcher.

TOUS.

C'est vrai !... c'est vrai !...

RIO-SANTO.

A Londres... Ah ! c'est à Londres que nous sommes forts !... Comptez avec moi notre armée : Spitael-Field lancera dans la ville ses milliers de tisserands audacieux, irrités par la baisse récente des salaires ; Saint-Gilles jettera dehors ses innombrables hôtes, comme une inondation furieuse que nulle digue ne saurait retenir. L'Irlande, enfin, la terre de l'héroïque souffrance, l'Irlande nous envoie dix mille soldats, des frères qui combattront avec nous, et nous vaincrons avec eux...

TOUS.

Bravo ! bravo ! (*Tumulte, désordre.*)

FANNY, *à Rio-Santo.*

Je comprends enfin vos projets ; ils sont grands — mais ils sont terribles !...

RIO-SANTO, *à Fanny.*

Si je meurs, que ce soit l'épée à la main, en plein soleil, face à face avec l'ennemi. — Mais écoute ! le temps presse désormais... Le libérateur de l'Irlande est à Dublin. Il faut qu'il sache que tout est prêt... Une lettre peut se perdre...

FANNY.

J'irai !...

RIO-SANTO, *lui serrant la main.*

Merci !... Dis-lui ce que tu as vu, ce que tu as entendu, que ses hésitations cessent, qu'il envoie ses dix mille hommes ; bien plus, qu'il revienne à leur tête ! Avec eux et avec lui, nous serons invincibles ?

PADDY, *à Rio-Santo.*

Plus que jamais, nous sommes décidés. Dites-nous maintenant ce que nous avons à faire.

RIO-SANTO.

Que les membres de la famille se tiennent prêts, et qu'ils s'arment !

PADDY.

Et quand faudra-t-il agir?... le lieu?... le jour?

RIO-SANTO.

Attendez! (*A Fanny.*) Combien de temps pour aller et revenir?

FANNY.

Combien faut-il au courrier le plus hardi, au cheval le plus intrépide?

RIO-SANTO.

Six jours; mais vous! une femme! Vous que la fatigue peut tuer...

FANNY.

Dans cinq jours je serai revenue. Si la fatigue me tue, eh bien! je serai morte pour vous. Dans cinq jours vous aurez la réponse du libérateur. Adieu, milord.

RIO-SANTO.

Adieu, sœur. (*Elle sort.*)

PADDY.

Eh bien, milord?

RIO-SANTO, *sur les marches.*

Dans cinq jours, amis, sous les fenêtres, de la maison de Trevor.

PADDY.

Et le signal?... Qui nous donnera le signal?...

RIO-SANTO.

Votre chef, le lord de la Nuit!

PADDY.

Nous ne l'avons jamais vu...

RIO-SANTO, *se découvrant.*

Regardez-moi!... tous!... Et quand viendra le jour du combat, vous reconnaîtrez mon visage!...

PADDY, *reculant.*

Vous êtes donc le lord? C'est le lord! (*Se découvrant.*) Faites hourra pour le lord de la Nuit!

TOUS.

Hourra! pour le lord de la Nuit.

ACTE IV.

SEPTIÈME TABLEAU.

Une pauvre chambre à coucher. — Crucifix, images de saints. — Chez la femme qui garde Clary.

SCÈNE I.

SUZANNAH, *seule. Elle rentre. Elle jette son chapeau sur le lit et montre ses cheveux épars. — Elle se laisse tomber sur un siége. — Elle semble brisée par l'émotion.*

C'est comme un rêve... un rêve terrible et fou!... Et lui... lui!... le marquis de Rio-Santo!... Lui, dont la fière noblesse épouvantait mon amour... Lui!... lui!... le roi de cet enfer... Oh! mon pauvre cœur!... Comme me voilà seule et désespérée! Qui donc aura pitié de moi?... (*Elle reste un instant affaissée. — La porte s'entr'ouvre, et l'on voit la tête blonde de Clary.*)

SCÈNE II.

SUZANNAH, CLARY. *Suzannah tourne le dos à Clary, qui s'avance en souriant sur la pointe des pieds.*

CLARY.

Bonjour, mademoiselle ma sœur... (*Suzannah tressaille et se retourne. — Clary voit ses yeux en pleurs. Elle se précipite auprès d'elle.*) Encore des larmes!... toujours!... toujours!... Mais nous sommes donc bien malheureuses, ma sœur!...

SUZANNAH, *essayant de sourire.*

Bonjour, Clary... (*Elle l'embrasse.*)

CLARY.

Tu ne réponds pas?

SUZANNAH.

Nous serons bien heureuses...

CLARY.

Alors, pourquoi pleures-tu toujours?...

SUZANNAH.

Je ne pleure pas.

CLARY, *avec reproche.*

Ah! quand je mens, vous me grondez bien fort... miss Suki... (*En la baisant.*) Ma sœur!... ma bonne sœur... tu as de la peine et tu ne veux pas me le dire... Je t'en prie... Me voilà une grande demoiselle... Dis-moi pourquoi tu es triste, et je saurai bien te consoler, va!...

SUZANNAH.

Je ne suis pas triste, Clary... regarde-moi sourire.

CLARY.

Tu souris à travers tes larmes...

SUZANNAH.

Je suis gaie... Et quand tu es là, petite sœur, je crois que Dieu nous protégera...

CLARY.

Oh! oui, Dieu nous protégera... car Dieu aime ceux qui sont bons... Et tu es si bonne!

SUZANNAH.

Chère enfant! As-tu dit ta prière, ce matin?

CLARY, *baissant la tête.*

Je ne t'avais pas vue hier au soir... Et j'avais si grande envie de t'embrasser!... J'ai oublié ma prière, Suky?

SUZANNAH, *la serrant sur son cœur.*

Que je t'aime!

CLARY.

Tu ne me grondes pas?... (*Orgues dans le lointain.*)

SUZANNAH.

Tu es ma fille... Écoute... Tu ne seras pas seule au monde, toi... Tu auras une amie... On veillera sur toi...

CLARY.

Pourquoi me dis-tu cela?

SUZANNAH.

Parce que... parce que tu seras belle... Que sais-je! parce que je ne veux pas que tu pleures quand tu auras vingt ans, Clary! (*Elle se lève. — Clary se lève et va près de sa sœur.*)

CLARY.

C'est donc parce que tu as vingt ans que tu pleures?

SUZANNAH.

Viens dire ta prière.

CLARY.

Tu prieras avec moi?

SUZANNAH.

Oui. (*Elle la prend par la main et la conduit devant le crucifix, où elles s'agenouillent toutes les deux.*)

CLARY, *à genoux.*

Mon Dieu, notre Sauveur, qui appelez à vous les enfants et les faibles, écoutez la voix de vos enfants. .

SUZANNAH, *à genoux.*

Exaucez-nous, Seigneur.

CLARY.

Mon Dieu, notre Sauveur, ayez pitié de notre mère qui est morte!

SUZANNAH.

Exaucez-nous, Seigneur!

CLARY.

Veillez sur ma bonne sœur, Suzannah, mon Dieu, pour qu'elle soit heureuse sur la terre et sainte dans le ciel... (*Suzannah s'éloigne et descend la scène. Silence.*) A toi, sœur!... (*Silence. Clary se retourne et voit Suzannah les yeux baignés de larmes.*) Qu'as-tu donc? (*Elle pleure aussi.*)

SUZANNAH.

Continue ta prière... Parle à Dieu toute seule... Dieu et la vierge Marie t'entendront mieux si ma voix ne se joint pas à la tienne.

CLARY.

Est-ce que tu as oublié les prières d'Irlande?

SUZANNAH.

Non, car je les ai apprises de ma mère.

CLARY.

Alors, pourquoi?...

SUZANNAH.

Continue...

CLARY, *embarrassée. Elle remonte à la fenêtre, puis redescend la scène.*

Sœur... On dit que ceux qui ne veulent pas prier... c'est toi qui m'as dit cela... ont quelque chose à se reprocher devant Dieu... (*Suzannah se couvre le visage de ses mains.*) Tu gardes le silence?... (*Avec un sourire.*) Oh! tu n'as pas besoin de répondre.. Dieu sait bien que tu es bonne comme les anges!

MÈRE JACOBS, *à la porte.*

Il y a là un gentleman qui voudrait parler à miss Suzannah...

SUZANNAH, *se relevant en sursaut.*

Renvoyez-le... Je ne veux pas... Je ne puis recevoir personne.

MÈRE JACOBS.

C'est le monsieur...

SUZANNAH.

Qu'importe son nom?... Je veux être seule.

MÈRE JACOBS.

Le monsieur chez qui votre père...

SUZANNAH.

Monsieur Perceval!

CLARY.

Oh!... reçois-le... et tâche de savoir si nous verrons bientôt notre père.

SUZANNAH.

Monsieur Perceval... Faites entrer...

SCÈNE III.

LES MÊMES, PERCEVAL, *du fond.*

SUZANNAH, *à mère Jacobs.*

Emmenez Clary.

CLARY.

J'aurais voulu savoir...

SUZANNAH, *la baisant.*

Va... Je te dirai tout... (*Clary sort avec Jacobs par le fond.*)

PERCEVAL, *entrant.*

Mademoiselle, je vous prie en grâce de vouloir bien excuser...

SUZANNAH.

Monsieur... venez-vous de la part de mon père?

PERCEVAL.

Je voudrais vous dire que je viens de la part de votre père... Ce ne serait pas la vérité, mademoiselle...

SUZANNAH.

Alors, que voulez-vous de moi?

PERCEVAL.

Encore une fois, veuillez me pardonner... Vous êtes la fille d'un honnête et digne homme... qui est pour moi plutôt un ami qu'un serviteur... Mais c'est une chose étrange!... Votre présence au chevet d'un inconnu... Ce baiser sur mon front...

SUZANNAH.

Oh! milord!... vos reproches me briseront le cœur... mais ils n'obtiendront rien de moi... Je n'ai pas parlé quand mon père m'a chassée!

PERCEVAL.

Vous ne savez peut-être pas tout le mal que vous avez fait...

SUZANNAH.

J'ai vu la jeune fille s'évanouir.... Vous étiez aimé.... Que puis-je savoir de plus?

PERCEVAL.

Il y a des gens heureux qui se consolent au foyer de la famille... La douce voix d'une sœur vient bercer leur souffrance... Ils ont un frère à qui demander compassion... S'ils s'affaissent dans le découragement, la main d'un père presse leur main..... Leur front glacé se réchauffe au baiser d'une mère..... Une mère!... Moi, mademoiselle, je suis seul... Dieu m'a laissé sur la terre après tous ceux qui m'aimaient... J'ai perdu mon frère; — un noble ami; — j'ai perdu ma sœur, la sainte joie de ma jeunesse... Mon père et ma mère sont morts... Eh bien! parmi tout ce deuil, une espérance avait lui... Un sourire d'ange avait éclairé la nuit de mon désespoir... Je n'étais plus seul... j'allais voir ma maison déserte se ranimer et revivre... Je renaissais au bonheur... j'étais aimé!... j'étais aimé!... — Et voilà mon dernier songe qui s'évanouit... ma suprême espérance qui s'enfuit pour toujours.

SUZANNAH.

Parce que je suis venue!...

PERCEVAL.

Je ne vous accuse pas...

SUZANNAH.

Vos plaintes m'accusent... Votre douleur me punit...

PERCEVAL.

Je suis si malheureux!

SUZANNAH.

Suis-je donc heureuse, moi?...

PERCEVAL.

Mais d'un mot, vous pourriez...

SUZANNAH, *l'arrêtant.*

Non.

PERCEVAL.

Vous n'avez donc jamais aimé?...

SUZANNAH, *froidement.*

J'aime.

PERCEVAL.

Oh! ce n'est pas ainsi qu'on prononce ce mot-là.

SUZANNAH.

Milord, je ne veux point mettre mon martyre en regard de votre malheur, puisque vous êtes innocent de mon martyre, et que votre malheur est mon ouvrage... Mais tout ce que vous souffrez, je le souffre au centuple... Que parlez-vous de famille, vous qui savez que mon père me repousse?... Que parlez-vous d'amour, vous qu'on aime... Que parlez-vous de désespoir, vous qui espérez encore?..... Moi, je n'espère plus..... pourtant mon amour est là, plus fort que ma volonté... plus fort que la pensée de mon père... plus fort que la crainte de Dieu... Il est là, plein de délices et rempli de tortures... il est là, survivant à l'espoir perdu... On m'a brisé l'âme. Eh bien! j'aime encore... On m'a foulée aux pieds!... Et j'aime encore!... (*Avec passion.*) Oh! si l'on était jaloux de moi comme elle est jalouse de vous, ce n'est pas la douleur, c'est la joie qui me tuerait!.

PERCEVAL.

Suzannah!... Pitié!... Ayez pitié de moi... J'ai écrit à Mary... j'ai écrit à lord Trevor... mes lettres ont été repoussées avec dédain... je n'ai plus d'espoir qu'en vous... vous savez ce qu'il y a au fond de ce secret... Et vous refusez de le dire!... Pour me sauver de l'abîme du désespoir, il vous suffit de me tendre la main... et vous ne me la tendez pas... Oh! ne me repoussez plus!... ou bien je croirai que vous n'avez rien dans le cœur... je croirai que vous avez menti quand vous avez dit que vous souffriez comme moi...

SUZANNAH.

Milord... Je suis condamnée... je ne puis rien pour les autres, je ne puis rien pour moi-même... Laissez-moi!..

PERCEVAL.

Je suis perdu!... (*Avec froideur.*) Et que faut-il dire à votre père?...

SUZANNAH.

Dites-lui de ne pas me pardonner, puisque je vous refuse.

PERCEVAL.

Oh! je ne veux pas vous croire!... Vous vous trompez vous-même... A travers son enveloppe de glace, je vois votre cœur... et ma voix saura s'y frayer un chemin... Oui... tout à l'heure, malgré vous, une larme était à votre paupière... vous l'avez cachée... mais je l'ai surprise, et l'espoir m'est revenu... Écoutez-moi encore... Vous avez un secret... je ne veux pas le surprendre... me voici à vos genoux, vous demandant pitié pour moi... et pitié aussi pour elle... Vous détournez la tête... (*Suzannah met la main sur son cœur.*) Si vous me repoussez après cette prière suprême, je n'insisterai plus, mademoiselle, et j'irai intercéder pour vous auprès de votre père, à qui je dirai : — Donnor, ne reprochez jamais ma mort à votre fille... un serment la liait, un serment plus fort que sa volonté.. Pardonnez-lui, comme je lui pardonne... Vous ne répondez pas?... Adieu, mademoiselle, vous me condamnez au malheur..... Que Dieu vous fasse heureuse!... (*Fausse sortie.*)

SUZANNAH.

Restez, restez encore... Vous avez dit : Pitié pour moi... et pitié pour elle... Pitié pour vous, qui avez donné du pain à mon père quand il se mourait sur le pavé de Londres, où la charité est inconnue .. Pitié pour elle, qui m'a tendu la main autrefois!

PERCEVAL, *vivement.*

A vous?

SUZANNAH.

Il y a bien longtemps que je la connais et que je l'aime... Ce que vous avez fait poua le pauvre Irlandais, Mary Trevor, le bel ange de miséricorde, l'a fait pour la pauvre Irlandaise... Oh! s'il ne fallait que ma vie!

PERCEVAL.

Je vous dis que je ne veux pas votre secret... Elle m'aime, vous le savez bien... On a profité de sa jalousie pour la jeter dans les bras de cet homme... Allez vers elle, et dites-lui seulement : Perceval ne m'avait jamais vue, je suis la fille de l'homme qui le sert... Perceval n'aime que vous et n'a jamais aimé que vous.

SUZANNAH, *hésitant.*

Si je croyais...

PERCEVAL, *avec ravissement.*

Suzannah! oh! Suzannah!

SUZANNAH.

Je souffre moins à voir votre joyeuse espérance...

PERCEVAL.

Suzannah, un bon mouvement, et je vous devrai plus que la vie...

SUZANNAH.

Eh bien! j'irai...

PERCEVAL.

Ah!

SUZANNAH.

Qu'avez-vous? Pauvre enfant, il se trouve mal.

PERCEVAL.

Ce n'est rien... La joie... le saisissement... (*Elle le fait asseoir sur la chaise.*)

SUZANNAH.

Vous l'aimez bien? C'est bon d aimer... Adieu, je vous quitte, vous allez être heureux.

PERCEVAL.

Arrêtez!...

SUZANNAH.

Comment?

PERCEVAL.

Il y a un cérémonial pour entrer dans la maison de Trevor... Écrivez à miss Mary pour lui demander une entrevue.

SUZANNAH.

A l'instant. (*Elle s'approche de la table.*)

PERCEVAL.

Vous lui direz...

SUZANNAH.

Je sais ce que je dois lui dire... (*Elle s'assied et écrit.*) Je porterai moi-même la lettre pour être bien sûre...

PERCEVAL, *s'approchant de la table.*

Non, je ne veux pas que vous preniez cette peine. (*Clary paraît sur la porte.*) J'ai là quelqu'un... J'avais prévu que vous céderiez à mes ardentes prières... (*Il va ouvrir la porte du fond. Donnor est là qui tient Clary dans ses bras.*) Venez!... (*Suzannah écrit toujours. — Perceval entraîne Donnor vers elle.*)

PERCEVAL.

Elle a votre bon cœur!

CLARY, *à Donnor, qui hésite.*

Oh! père!... père!... tu n'aimes donc pas tes filles?

DONNOR.

Si... si... (*Il s'avance doucement.*)

SCÈNE IV.

LES MÊMES, DONNOR, CLARY.

SUZANNAH, *achevant d'écrire.*

Vous dites que vous avez quelqu'un pour porter la lettre.

PERCEVAL, *prenant Donnor par la main.*

Oui... j'ai quelqu'un... (*Suzannah tend la lettre sans se retourner.*) Voyez! (*Suzannah se retourne et pousse un grand cri.*)

SUZANNAH.

Mon père!...

PERCEVAL.

J'étais sûr de votre cœur, mademoiselle... J'ai voulu que Donnor fût là pour vous entendre...

DONNOR.

Ma fille! ma Suzannah!... mes enfants!... (*Il la serre dans ses bras.*)

SUZANNAH, *se mettant à genoux à droite de Donnor.*

Mon père! mon bon père!... m'avez-vous pardonné?...

CLARY, *s'asseyant sur le genou de Donnor.*

Oh! père, je ne sais pas ce qu'a fait Suky... mais ceux qui ne l'aiment pas sont des méchants.

DONNOR.

Tu es brune et pâle comme ta mère, Suzannah... (*A Clary.*) Toi, tu ressembles aux anges... Mes enfants!

PERCEVAL.

Les voilà heureux!... (*La porte du fond s'ouvre, et Rio-Santo paraît sur le seuil. Il s'arrête étonné, regarde la scène avec un attendrissement visible.*)

DONNOR.

Si votre mère vous voyait!...

CLARY, *se tournant et apercevant Rio-Santo*

Oh!... (*Suzannah tressaille et se lève. Donnor regarde à son tour et recule d'un pas. Rio-Santo salue respectueusement Suzannah. Perceval étonné les observe.*) C'est le monsieur... (*Suzannah met un doigt sur sa bouche.*)

DONNOR, *inquiet à Perceval.*

Connaissez-vous cet homme?

PERCEVAL, *embarrassé.*

Oui... je le connais.

DONNOR, *étonné.*

Est-ce vous qu'il vient chercher chez ma fille?

PERCEVAL, *regardant Suzannah qui lui fait signe.*

Peut-être...

DONNOR.

C'est donc un de vos amis?

PERCEVAL, *moment d'hésitation. — Puis il tend la main à Rio-Santo.*

Oui.

RIO-SANTO, *bas.*

Merci, monsieur Frank Perceval. (*Donnor observe tour à tour toutes les physionomies avec soupçon.*)

DONNOR, *à part.*

Elle reste avec Frank Perceval... (*Haut.*) Je vais porter la lettre... Au revoir, Suzannah...

CLARY.

Tu ne seras pas longtemps, père?

DONNOR.

Je reviens... Entends-tu Suzannah?... je reviens!

SUZANNAH.

Vous me retrouverez ici, mon père... (*Donnor sort. A Clary.*) Laisse-nous, petite sœur. (*Elle l'embrasse.*)

CLARY, *faisant la moue.*

On me renvoie toujours, moi... et toujours à cause du monsieur. (*Elle sort.*)

SCÈNE V.

SUZANNAH, RIO-SANTO, PERCEVAL.

RIO-SANTO.

Je vous remercie de nouveau, monsieur... et je voudrais que vous eussiez dit vrai en me nommant votre ami.

PERCEVAL.

Milord, vous êtes un homme courtois... Quand vous m'avez jeté sur le gazon d'un coup de pistolet, vous n'aviez omis ni le salut chevaleresque ni le gracieux sourire... Je vous ai nommé tout à l'heure mon ami pour épargner le cœur de ce digne homme, le père de miss Suzannah... Il eût trop souffert s'il avait entendu prononcer votre nom...

RIO-SANTO, *étonné.*

Puis-je savoir?...

PERCEVAL.

Cet homme a passé les nuits et les jours à mon chevet, milord... Il a pu voir que Votre Seigneurie ne blessait pas seulement ses adversaires avec ses armes de combat.

RIO-SANTO.

Je ne vous comprends pas, monsieur... Je croyais avoir agi contre vous loyalement.

PERCEVAL.

Loyalement... il y a des instants où je le crois moi-même... Vous me fîtes la partie belle sur le terrain, milord, et si je ne vous ai pas tué, ce n'est pas votre faute, je dois en convenir... Depuis la rencontre, vous avez envoyé prendre matin et soir de mes nouvelles... Votre médecin, le savant docteur Moore, a donné tous ses soins à ma guérison... mais...

RIO-SANTO.

Mais...

PERCEVAL.

Est-ce moi ou miss Suzannah que vous veniez chercher ici?

RIO-SANTO, *souriant.*

Monsieur, je ne serais pas venu vous chercher chez miss Suzannah.

PERCEVAL.

Vous aviez bien envoyé miss Suzannah chez moi, milord!

SUZANNAH, *comme frappée d'un trait de lumière.*

Lui!...

RIO-SANTO.

Chez vous?... Miss Suzannah... J'ignore...

SUZANNAH.

Ce serait lui!...

PERCEVAL, *amèrement.*

On n'avait pas pu me tuer tout à fait... Mary m'aimait encore. On a pensé que la jalousie excitée dans le cœur de la pauvre

HUITIEME TABLEAU

L'intérieur de l'Hôtel du Roi Georges. Théâtre coupé en deux horizontalement. Au rez-de-chaussée, salle de taverne ; en haut, chambre à coucher, table. — Fenêtre donnant sur la Tamise. — Sous la fenêtre, trappe qui s'ouvre sur la Tamise même, à droite, pour que le bateau puisse venir en vue du spectateur.

SCENE I.

GRUFF, *en bas*, MISTRESS GRUFF, *puis* BOB, SUZANNAH, CLARY.

MISTRESS GRUFF.

Ainsi, maître Bob-Lantern va venir avec les deux petites?

GRUFF.

Oui, cher ange.

MISTRESS GRUFF.

Mais, payera-t-il bien, ce Bob-Lantern?

GRUFF.

Il a payé, bonne amie.

MISTRESS GRUFF.

Combien?

GRUFF.

Dix livres sterling... en bel or tout neuf... Est-ce que j'ai oublié de te les remettre?

MISTRESS GRUFF.

Oublié... Mister Gruff... ça finira mal!

GRUFF.

Bonne amie!

MISTRESS GRUFF.

Taisez-vous... on frappe à la porte de la ruelle... Allez ouvrir...

GRUFF.

Je parie que ce sont elles!... (*Il ouvre.*) Votre serviteur, monsieur Bob.

BOB, *entrant.*

Bonjour... Entrez, mes petites demoiselles... Salut, mistress Gruff... Le papa est-il en haut?

SUZANNAH, *reculant.*

L'auberge du roi Georges... Pourquoi nous a-t-on amenées ici? (*Clary se serre tremblante contre sa sœur.*)

MISTRESS GRUFF, *à Bob.*

Le père a attendu un petit instant... Il est sorti avec le jeune gentleman... Il va revenir dans une minute.

SUZANNAH, *défiante.*

Savez-vous le nom de notre père?

BOB.

Parbleu!

MISTRESS GRUFF.

Comme le nom de mon mari, ma toute belle... C'est monsieur Donnor, du pays d'Arleigh... un bravo et honnête cœur...

CLARY.

Tu vois bien.

GRUFF.

Oui... oui... sur ma foi!...

MISTRESS GRUFF.

Taisez-vous!

GRUFF.

Oui, madame Gruff.

SUZANNAH.

Il est bien étrange qu'on ait choisi cette maison.

MISTRESS GRUFF, *souriant.*

A cause de l'histoire de l'autre jour?... Je le dis tout de suite à Gruff : je voudrais que ma main se desséchât pour avoir frappé cette jeune fille!...

GRUFF.

De par Dieu! Dorothy, vous me le dites!

MISTRESS GRUFF, *à son mari.*

Alors, vous ne voulez pas que je parle... Si c'est un parti pris...

GRUFF.

Ma femme...

BOB.

Si vous n'aviez pas une femme plus douce qu'un agneau, maître Gruff, avec le caractère que vous montrez, votre ménage serait un enfer.

GRUFF.

Mais...

MISTRESS GRUFF.

On se tait. (*A Suzannah.*) Je n'en ai pas dormi pendant deux jours, ne sachant pas ce que vous étiez devenu. Vous savez bien comme je suis, mon amour, la tête un peu vive, mais le cœur si tendre!... Voulez-vous me pardonner?

CLARY.

Voyons.

SUZANNAH.

J'ai oublié, madame... mais tout cela ne m'explique pas pourquoi mon père...

MISTRESS GRUFF, *faisant une caresse à Clary et l'embrassant.*

Voilà un joli petit ange... elle sera aussi belle que vous, Suzannah!

SUZANNAH.

Mais notre père...

MISTRESS GRUFF.

Votre père?.... Il n'a pas voulu que vous rentrassiez chez le jeune gentleman, parce qu'il y a eu une affaire... Dam! il ne m'a pas dit au juste, mais j'ai cru comprendre que votre présence a causé des désagréments dans cette maison-là.

BOB, *à part.*

Bien touché!

SUZANNAH, *étonnée.*

Mon père vous l'a dit?

MISTRESS GRUFF, *souriant.*

Non pas... Mais pendant qu'il causait avec le jeune gentleman, monsieur Belval... Luceval... (*Suzannah se lève et va pour sortir.*)

BOB.

Perceval.

MISTRESS GRUFF.

Perceval... Frank Perceval, par Dieu!... Ne pourriez-vous me rappeler le nom, master Gruff? (*Suzannah va près de la table.*)

GRUFF.

On me reçoit si bien quand je parle!

MISTRESS GRUFF.

Quelle patience! (*A Suzannah.*) La chose certaine, ma belle petite, c'est que nous n'avons pas été chercher votre père pour le forcer à venir chez nous.... Ça nous a fait bien de l'honneur, mais si vous me gardez rancune, et qu'il ne vous plaise pas de l'attendre ici.

BOB, *bas.*

Y pensez-vous?

MISTRESS GRUFF, *de même.*

Laissez donc!

CLARY.

Mais, petite sœur, puisqu'il va venir...

SUZANNAH.

Eh bien, je l'attendrai.

MISTRISS GRUFF, *à Bob.*

Vous voyez bien!... (*A Suzannah.*) Alors, montez, mon cher cœur... Le père a fait mettre trois couverts dans la chambre d'en haut... Vous savez bien, la chambre qui donne sur la Tamise... vous serez en famille, comme chez vous... Allumez donc une lampe, master Gruff!

SUZANNAH.

Viens, Clary.

MISTRISS GRUFF, *caressant Clary.*

Mon Dieu! la gentille créature!...

BOB, *à Gruff.*

C'est un trésor que cette femme-là!...

GRUFF.

Voulez-vous me l'acheter, monsieur Bob?... (*Bob fait une grimace. Suzannah, Clary et mistress Gruff ont disparu. Elles montent un escalier, et on les voit reparaître en haut de la chambre supérieure, où une table est mise avec trois couverts.*)

MISTRESS GRUFF.

Là !... l'escalier est raide et je n'ai plus quinze ans ! Je vous tiendrais bien compagnie, mes chères enfants, mais le père m'a commandé une pinte de bon toddy d'Irlande.

CLARY.

Du toddy sucré !... comme au pays...

MISTRESS GRUFF.

Comme au pays... Je vais le préparer... A bientôt, mes belles petites... (*Elle redescend l'escalier.*)

CLARY.

Comment a-t-elle pu te frapper, cette femme ? Elle a l'air de t'aimer si bien !...

BOB.

Eh bien !

MISTRESS GRUFF, *rentrant dans la salle en bas.*

Les oiseaux sont en cage.

BOB, *se levant.*

Vous êtes une maîtresse femme, mistress Gruff... nous ferons plus d'une affaire ensemble... On aurait juré que vous connaissiez le papa Donnor ? et cependant, vous le savez, c'est à peine si nous avons pris le temps de le dévisager une fois que nous étions en embuscade, par ordre de monsieur Moor, à la porte de sir Frank Perceval.

MISTRESS GRUFF.

Ah ça, qu'est-ce que vous ferez de ces petites ?

BOB.

Moi !... rien... J'agis pour le docteur Moore... Il a un compte à démêler avec elles, je ne sais pas trop pourquoi... elles le gênent, à ce qu'il paraît, pour ses projets... Et puis il se méfie de la grande... Enfin, c'est son affaire... Toujours est-il que maintenant je travaille pour le docteur. Il reste fidèle aux traditions de la famille, celui-là, et ça me convient. Avec lui, au moins, on n'a pas peur de s'endormir filou et de se réveiller soldat... Soldat, moi ! fi donc !

GRUFF.

Vous dites !...

BOB.

Suffit... Je m'entends.

MISTRESS GRUFF.

Dites donc... à propos du docteur... et le flacon ?

BOB, *tirant un flacon de sa poche.*

Voilà... Trois gouttes, vous savez bien...

MISTRESS GRUFF.

Je sais, monsieur Bob.

BOB.

Ni plus ni moins... Combien vous faut-il de temps pour faire votre affaire ?

MISTRESS GRUFF.

Donnez-moi une heure.

BOB.

Quelle femme vous avez là, maître Gruff !

GRUFF.

J'en sens tout le prix, monsieur Bob.

BOB.

Eh bien ! ma chère dame, dans une heure la barque sera là... (*il montre la Tamise*) sous la trappe... et nous monterons par la fenêtre... C'est convenu !

MISTRESS GRUFF.

Oui... oui... c'est entendu !

BOB.

Ah ! quelle femme vous avez là ! Quelle douceur ! Ingrat !...

MISTRESS GRUFF, *à son mari.*

Restez ici... Moi, je vais préparer le toddy de ces petites filles. (*Clary se lève.*)

GRUFF.

Oui, ma bonne amie...

MISTRESS GRUFF.

Je n'ai pas besoin que vous disiez oui.

GRUFF.

Bien, Dorothy !

MISTRESS GRUFF.

Je n'ai pas besoin que vous disiez bien.

GRUFF.

Eh bien ! qu'est-ce qu'il faut dire ?

MISTRISS GRUFF.

On se tait ! (*Elle hausse les épaules et sort.*)

GRUFF, *avec un gros soupir.*

Et quand on pense qu'il y a des gens qui sont veufs !... (*En haut, les deux sœurs se sont assises auprès de la table. Suzannah appuie sa tête sur sa main et rêve. Clary jette autour de la chambre des regards effrayés.*)

CLARY, *debout.*

Comme ces murailles sont noires ! (*Elle s'approche de Suzannah.*) Entends-tu le vent de la Tamise qui siffle dans la fenêtre ? entends-tu, ma sœur ?... (*Suzannah ne répond pas.*) Ma sœur ! Suzannah !... Depuis que cette bonne femme est partie... je ne sais... mon cœur se serre...

SUZANNAH.

Notre père va venir...

CLARY, *approchant une chaise et s'asseyant.*

Oh ! qu'il vienne bien vite... Tu ne veux donc pas causer avec moi, Suky ! A quoi penses-tu donc ?... Si tu me parlais, j'aurais moins peur...

SUZANNAH.

Tu as peur ?... Enfant, nous sommes au milieu de Londres, à deux pas du théâtre du Roi...

CLARY.

On n'entend rien des bruits de la ville... Tout ici est sombre et triste...

SUZANNAH.

J'ai passé des mois entiers dans cette maison...

CLARY.

Et tu n'avais pas peur ?

SUZANNAH

J'étais trop malheureuse !...

CLARY.

Pauvre sœur ! (*Elle se lève, va à la fenêtre et tressaille.*) Ce vent ressemble à la plainte d'un homme qui se meurt... Qu'est-ce qu'il y a sous la fenêtre, Suzannah ?

SUZANNAH.

La Tamise...

CLARY, *traversant.*

Et de ce côté ?

SUZANNAH.

La petite rue par où nous sommes arrivées.

CLARY, *revenant près de sa sœur.*

Tu vois bien que nous sommes loin de la place brillante du théâtre du Roi ! Je t'en prie, Suky, parle-moi un peu, que j'oublie de trembler... Tu ne veux pas ? (*Avec prière.*) Un mot, ma sœur... Je me sens toute glacée...

SUZANNAH, *à elle-même, à part.*

Il tarde... et chaque minute qui passe est précieuse pourtant ! Il faut que je voie Mary Trevor... il faut...

CLARY, *suppliante.*

Suzrnnah !... ma sœur !...

SUZANNAH.

Petite folle ! Te voilà toute pâle et tremblante !

CLARY.

Oh ! j'ai peur ! j'ai peur !

SUZANNAH, *la baisant.*

Je te dis que nous n'avons rien à craindre...

CLARY.

Bien vrai ?

SUZANNAH.

Oui...

CLARY, *frissonnant.*

Si j'allais mourir avant d'avoir revu notre père !...

SUZANNAH.

Mourir !... Rassure-toi, ma pauvre Clary... Qui voudrait te faire du mal, à toi si douce et si jolie ?...

CLARY.

Cet homme qui est venu nous chercher... Son regard me revient... Il me semble que je le vois...

SUZANNAH.

Un de nos malheureux compatriotes...

CLARY.

J'ai vu ses yeux briller comme des charbons en feu derrière ses gros sourcils!... Oh! notre père ne viendra donc pas?...

SUZANNAH, *à part.*

Le temps s'écoule, mon Dieu!

MISTRESS GRUFF, *traversant la salle avec un bol de toddy à la main.*

Paresseux!... Toujours les pieds dans les cendres!... (*Elle monte l'escalier.*)

GRUFF, *la regardant sortir.*

Et quand on pense qu'il y a des hommes qui sont veufs!...

MISTRESS GRUFF, *se retournant.*

Hein

GRUFF.

Rien!

CLARY, *en haut.*

J'entends des pas dans l'escalier!

SUZANNAH, *se levant à demi.*

C'est notre père...

MISTRESS GRUFF, *entrant le sourire aux lèvres.*

Il vient de faire dire qu'il serait ici dans dix minutes, mes chères belles... Un verre de toddy pour vous réchauffer le cœur!

SUZANNAH.

Je n'ai pas soif, madame...

MISTRESS GRUFF.

Un coup à la santé de la chère Irlande... Non... Bien! Comme vous voudrez... Vous n'attendrez pas longtemps désormais, allez! (*Elle fait en souriant un signe de tête et sort.*)

CLARY.

Il fallait lui dire de rester...

SUZANNAH.

Pourquoi?

CLARY.

Quand elle est là et que je vois sa figure qui sourit, je n'ai plus peur...

SUZANNAH, *à part.*

Je devrais être chez Mary Trevor. (*Elle retombe dans sa rêverie.*)

MISTRESS GRUFF, *rentrant en bas.*

Cette Suzannah fait la dame, maintenant!

GRUFF.

Ah!

MISTRESS GRUFF.

Elle n'a pas voulu boire...

GRUFF.

Ah!

MISTRESS GRUFF, *le contrefaisant.*

Ah!..... ah! — Dieu vous conserve pour ma punition en ce monde, monsieur Gruff! Ne pouviez-vous monter avec moi et persuader ces péronnelles?

GRUFF, *se levant.*

Vous m'avez dit de rester et de me taire...

MISTRISS GRUFF.

Je vous le dis encore, M. Gruff!... Bonté du ciel! je donnerais quelque chose à qui m'apprendrait ce que vous savez faire ici-bas... Que va-t-il arriver?... Ces donzelles ne boiront pas... Elles resteront éveillées comme des chattes... et que dira M. Bob?...

GRUFF.

Il dira...

MISTRISS GRUFF

La paix!... Vous ai-je demandé une sottise?... Montez bien doucement l'escalier, et allez voir si elles boivent. (*Elle le fait passer.*)

GRUFF.

Oui, ma bonne amie... (*Il se lève et fait quelques pas. Suzannah se lève et va près de la porte.*)

MISTRESS GRUFF.

Un bœuf qui marche... un bœuf de Durham, ma parole! M. Gruff! M. Gruff! restez là, monsieur... Vous faites autant de bruit qu'un régiment de Horse-Guards!

GRUFF.

Je reste. (*Il se rassied.*)

CLARY, *en haut.*

L'odeur de ce toddy qui fume me reporte en Irlande... Il me semble que je vois les granps marais d'Arbigh et mon père qui rentre après la fatigue du jour... Veux-tu goûter de ce toddy, Suzannah?

SUZANNAH, *rêvant.*

As-tu remarqué les regards de cette femme?

CLARY.

Oh! oui... De bons yeux souriants... C'est depuis qu'elle est venue que je n'ai plus peur...

SUZANNAH.

Il y avait en elle quelque chose d'étrange...

CLARY.

Tiens! est-ce que c'est moi qui suis la plus brave, maintenant?

SUZANNAH.

Je ne sais...

CLARY, *souriant.*

Ah! voilà que tu as peur!

SUZANNAH.

Non... Mais comme notre père est longtemps à venir!

CLARY.

Les dix minutes ne sont pas passées... Vois donc comme ce toody a bonne odeur!... J'ai soif, Suzannah!

SUZANNAH, *souriant.*

Eh bien! qui t'empêche de boire?

CLARY.

Je ne boirai pas toute seule...

SUZANNAH, *versant à boire.*

Enfant! (*Mistress Gruff écoute à la porte en haut. Regardant la porte.*) J'ai entendu...

CLARY, *les yeux sur son verre.*

Rien!... A ta santé, Suky!

SUZANNAH.

A la santé de notre père!

CLARY, *buvant.*

Comme c'est bon le toddy d'Irlande! (*Mistress Gruff descend.*)

SUZANNAH, *posant son verre après avoir bu.*

Je suis sûre d'avoir entendu...

CLARY.

Poltronne!

MISTRISS GRUFF, *entrant dans la salle du bas et s'asseyant.*

Elles ont bu, les chers anges!

GRUFF, *s'éveillant.*

Oh! oh!

MISTRESS GRUFF.

Pendant que vous dormez, je travaille...

GRUFF.

Elles ont bu?...

MISTRESS GRUFF.

Et le papa Donnor ne se doute guère...

GRUFF, *riant.*

Pour ça, c'est sur... Ce brave papa Donnor... Je rirais bien si je le voyais en ce moment! (*La porte de la Salle s'ouvre et Donnor entre.*)

MISTRESS GRUFF.

Le père!...

DONNOR.

Dites-moi, vous avez eu ici pour servante une jeune fille nommée Suzannah?

GRUFF.

Mais, monsieur...

DONNOR.

Ah! répondez!

MISTRESS GRUFF.

Oui... Eh bien! après?... Pourquoi nous faites-vous cette question?

DONNOR.

Pourquoi?

GRUFF.

Oui, au fait! pourquoi?

DONNOR.

Parce que je suis son père.

GRUFF, *à part.*

Je le sais de reste... Mauvais!... mauvais!

MISTRESS GRUFF.

Mademoiselle Suzannah a été, en effet, chez nous pendant quelque temps... Elle est sortie... par suite de... après...

GRUFF.

Après... une explication... satisfaisante...

DONNOR.

Peu importe... Depuis son départ, vous ne l'avez pas revue?

MISTRESS GRUFF.

Jamais, monsieur.

DONNOR, *se jetant sur un siége, à part.*

C'est comme une fatalité!... Chez cette jeune femme où Clary demeurait, on m'a dit : « Elles sont parties, elles vous cherchent... » Perceval a dû les voir... Mais Perceval m'échappe comme elles... je ne puis le joindre... (*Essuyant son front en sueur*). Je ne sais pas pourquoi j'ai dans l'âme le pressentiment d'un grand malheur!...

MISTRESS GRUFF, *s'approchant de Donnor.*

Monsieur, faut-il vous servir quelque chose?

DONNOR.

Non... (*A part.*) Elles me cherchent. Y a-t-il un piége, ou n'est-ce que le hasard?... S'il y a un piége, je le saurai, car le premier coquin qui entre ici, je l'interroge la mort sur la poitrine... et s'il ne vient personne, je prends ce drôle par la gorge et je le traîne à la maison de police. Ah! je n'ai que deux filles en ce monde, on ne me les prendra pas! Ma poitrine brûle... à boire, à boire!

CLARY, *assise en haut.*

Folle que j'étais d'avoir peur!... Comme s'il fallait trembler parce qu'on est dans une chambre dont les murailles sont noires!... (*Elle boit.*) Je me sens toute heureuse, maintenant, et je souris malgré moi...

SUZANNAH.

Clary! Clary!... Et moi-même qu'ai-je donc? Clary! Clary! mon Dieu! la voilà endormie... (*Elle va à la porte.*) Fermée! fermée!... un piége!... Ah! si j'avais au moins de quoi écrire... Ce mouchoir! (*Elle écrit à terre sur le mouchoir.*) Ma tête est lourde... mes yeux se voilent... ah!... Au secours! au secours!... (*On voit arriver le bateau dans lequel est Bob et qui s'arrête sous la trappe.*)

DONNOR.

Mais que se passe-t-il donc là-haut?... j'ai entendu un cri...

MIRTRESS GRUFF.

Des matelots au cabestan, Votre Honneur...

DONNOR.

Un cri de femme...

MISTRISS GRUFF, *allant vers la porte.*

Les soldats donnent parfois des rendez-vous dans la ruelle... (*Un des matelots du bateau, monte à l'extérieur, soulève le châssis de la fenêtre, entre au moment où Suzannah crie pour la dernière fois:* Au secours! *et saisit les deux jeunes filles, qu'il descend par la trappe.*)

SUZANNAH.

Au secours!..

DONNOR.

Le cri vient d'en haut.

MISTRESS GRUFF.

En haut... c'est notre chambre.

DONNOR.

Ah! c'est votre chambre...

MISTRESS GRUFF.

Eh! oui, c'est notre chambre... Monsieur n'a besoin de rien?

DONNOR.

Non. (*Gruff et sa femme sortent.*) Cette femme hésitait à me répondre... Oh! il y a ici quelque chose d'extraordinaire... Je le saurai. (*Il ouvre la porte derrière misterss Gruff, hésite un instant, puis se précipite dans l'escalier.*)

DONNOR, *en haut, les poussant loin de la porte.*

Passez par là... et n'essayez point de sortir... (*Il cherche tout autour de lui et voit sur la table le chiffon laissé par Suzannah; il l'approche de ses yeux.*) Ce mouchoir... des mots tracés... avec du sang... et... je ne peux pas les lire... (*A Gruff.*) Qu'y a-t-il là... répondez...

GRUFF.

Là!... là!... Votre Honneur!...

DONNOR.

Qu'y a-t-il?... qu'y a-t-il?...

GRUFF.

Rien.

DONNOR.

Tu mens!... tu as donc une raison pour mentir?... Il y a quelque chose d'horrible... A genoux tous les deux!... vous allez mourir!

GRUFF, *reculant.*

Monsieur!... (*On entend Suzannah crier dans la coulisse*).

SUZANNAH.

Mon père!... mon père!...

DONNOR, *éperdu.*

La voix de Suzannah!... c'était donc elles!... mes filles!... (*Il s'élance vers la fenêtre.*) Une barque qui s'éloigne!... (*A Gruff.*) Je vous retrouverai, assassin!... (*Il se jette dans la Tamise.*) Mon Dieu, soyez avec moi!...

ACTE V.

NEUVIÈME TABLEAU.

La Tamise.

(*La barque qui emporte Suzannah et Clary endormies gagne le milieu du fleuve Un homme, revêtu d'un caban, la conduit à force de rames. On voit un nageur poursuivant la barque. Tout à coup l'homme du bateau regarde à sa gauche, et aperçoit le nageur qui gagne du terrain et qui va toucher la barque. Le rameur se lève, saisit à deux mains un de ses avirons et en assène un coup violent dans l'eau. Le nageur disparaît, et l'homme de la barque se reprend à ramer Au bout d'un instant, le nageur reparaît de l'autre côté du bateau, saisit l'aviron dont on veut le frapper et monte à l'abordage.*

DONNOR, *sur le bateau.*

Je t'atteindrai. Je suis bon nageur! Ton couteau ne te sauvera pas la vie, vil agent d'un séducteur! — Rends-moi mes filles... Ah!... Moore!... Moore!...

MOORE.

Tes enfants, tu ne les auras qu'avec ma vie. (*Le combat continue. Donnor arrache le couteau de Moore et l'en frappe au cœur. Moore tombe à l'eau.*)

DONNOR.

Tiens... meurs...—Suzannah... Clary... (*Il se met à genoux entre elles.*)

SUZANNAH, *d'une voix éteinte.*

Mon père...

DONNOR, *joignant les mains.*

Elles vivent... Soyez béni, mon Dieu!

SUZANNAH.

Ah! je me souviens... vite, au rivage, mon père... J'arriverai peut-être encore à temps.

DIXIÈME TABLEAU.

Un salon vestibule de la maison de Trévor. — Vue sur un balcon-galerie

SCÈNE I.

SUZANNAH, MARY, LORD TREVOR.

(*Mary et Lord Trevor sont assis. Mary très-pâle, lord Trevor froid. Suzannah, debout; vient d'achever l'explication du baiser et d'accomplir la mission de Perceval.*)

TREVOR.

Est-ce tout, mademoiselle?

SUZANNAH.

Oui, milord, et je vous jure... (*A Mary.*) Croyez-moi, mademoiselle, ce n'est pas moi qui voudrais vous tromper, Perceval est innocent.

MARY, *émue.*

Je vous crois.

TREVOR, *froidement.*

Nous vous croyons.

SUZANNAH.

Dieu soit loué!

TREVOR.

Ma fille, ce que vous venez d'entendre change-t-il quelque chose à votre détermination?

MARY, *hésitant.*

Mon père!...

TREVOR.

Songez à votre réponse!... Malgré l'innocence de Frank Perceval, bien qu'il n'ait pas cessé de vous aimer, consentez-vous toujours à épouser M. le marquis de Rio-Santo?

MARY, *essuyant une larme.*

Oui, mon père.

SUZANNAH.

Qu'entends-je ?... Vous n'avez donc pas compris ?

TREVOR, *à Suzannah.*

Si fait, mademoiselle... (*A Mary.*) Venez vous préparer pour la cérémonie, ma fille. (*Il se lève et donne sa main à Mary, qui le suit en jetant à la dérobée vers Suzannah un regard de profonde tristesse.*

SCÈNE II.

SUZANNAH *seule, puis* DONNOR.

SUZANNAH.

Je rêve !... Elle ne l'aimait donc pas !... Pourtant ce regard qu'elle m'a jeté en sortant... Oh ! la main de Rio-Santo est encore là ! (*Donnor entr'ouvre la porte.*) Venez, mon père !

DONNOR, *s'avançant.*

Tu as tout dit ?

SUZANNAH.

Tout !

DONNOR.

Merci, merci pour lui et pour moi, ma fille... Alors je puis aller vers Perceval et lui annoncer...

SUZANNAH.

Restez, mon père !

DONNOR.

Comment ?

SUZANNAH.

J'ai tout dit, tout... mais Mary Trevor épouse Rio-Santo dans une heure.

DONNOR, *reculant.*

Ah ! pauvre Perceval !

SUZANNAH, *avec une violence soudaine.*

Et moi... et moi, mon père !

DONNOR.

Oui... et toi, chère enfant... c'est vrai, cet homme est notre malheur !

SUZANNAH, *tressaillant.*

Le voici.

DONNOR.

Il faut que je lui parle, moi !

SUZANNAH, *amèrement.*

Il est prêt pour le mariage !... (*Elle se retire, sombre et muette.*)

SCÈNE III.

LES MÊMES; RIO-SANTO, *en costume de marié.*

DONNOR, *allant à Rio.*

Pardon, milord, un instant, quelques minutes... Le temps de vous parler de deux pauvres enfants qui souffrent, milord.

RIO-SANTO.

Pas maintenant, non, pas maintenant !

DONNOR.

Milord, l'un de ces enfants est là ! (*Il montre Suzannah.*)

RIO-SANTO, *tressaillant.*

Suzannah ! (*A part.*) Elle a tenu sa promesse !

DONNOR.

L'autre se nomme Franck Perceval... il attend une parole de salut, et je n'ai à lui porter que le désespoir,..

RIO-SANTO, *à part.*

A l'heure qu'il est, monsieur, je ne puis rien pour miss Suzannah, et rien pour monsieur Frank Perceval.

DONNOR.

Ainsi, c'est bien vrai, vous venez pour épouser miss Trevor.

RIO-SANTO.

Oui ! Cette question...

DONNOR.

Je ne suis qu'un pauvre homme, mais j'ai des cheveux blancs : il faut m'écouter, milord... Dieu n'a pas mis le signe du mal sur votre noble visage, et je vois un bon cœur dans votre regard.... Que vous ont-ils fait, ces enfants dont vous brisez la vie ?... Perceval était jeune, fort, heureux : vous êtes venu sur son chemin. La balle de votre pistolet a percé sa poitrine.... Si ce n'était que cela !... mais il aimait... il avait mis tout son avenir et tout son espoir dans son amour... Je ne vous parle pas de celle-ci. (*Il montre Suzannah.*) A vingt ans, malheureuse pour toute sa vie... Je suis son père... Ses douleurs sont les miennes, et je ne demande jamais pitié pour moi..... mais je veux vous parler de Frank... Milord, ce n'est pas digne de vous !... Épouser par force une pauvre jeune fille qui ne vous aime pas !... car elle ne vous aime pas, vous le savez bien !

RIO-SANTO.

L'amour ?... un jeu d'enfants !...

DONNOR.

L'amour, le plus grand bienfait du ciel, quand il est partagé et que Dieu le bénit... Milord, soyez généreux et laissez parler votre cœur. Pauvre Perceval ! Si vous saviez comme Franck renaît à la vie dès qu'un peu d'espoir rentre dans sa pauvre âme ! Si vous saviez...

RIO-SANTO, *l'arrêtant.*

Écoutez. (*Huit heures sonnent.*)

SUZANNAH, *à part.*

Dans une heure, ils seront mariés.

DONNOR, *le suivant avec supplication.*

Milord, oh ! milord, vous ne m'avez pas dit encore une seule bonne parole... mais je ne me décourage pas... je vous suivrai, s'il le faut, jusqu'au pied de l'autel !

RIO-SANTO.

Attendez ! (*Écrivant.*) « Notre sort à tous se décide... Si dans » une heure vous me voyez paraître au balcon, la main sur mon » cœur, c'est qu'il y aura du bonheur pour vous ; alors, venez. » (*Il ferme la lettre et la tend à Donnor.*) Tenez, pour M. Perceval, sur le champ.

DONNOR.

Oh ! merci... c'est une bonne nouvelle !

RIO-SANTO.

Peut-être. Allez.

DONNOR.

Vous ne voudriez pas me faire espérer en vain... Se jouer d'un vieillard !... pardon ! Pauvre enfant, je n'ai pas intercédé pour elle, au moins. (*Il sort.*)

SCÈNE IV.

RIO SANTO, SUZANNAH. *Suzannah reste immobile à l'écart.*

RIO-SANTO.

Oui, notre sort se décide, mais qu'est-ce qu'un retard de quelques minutes ? Fanny peut encore venir, et si elle ne vient pas aujourd'hui, ne peut-elle venir demain ! Oh ! quand on se hâte ainsi de désespérer, c'est qu'on n'en veut plus. Cet amour a-t-il donc fait de moi un lâche ! (*Avec colère.*) Un lâche ! un déserteur ! un traître ! (*Se retrouvant.*) Non ! par le ciel ! Ce sont des heures de folie... Mais Rio-Santo s'éveille... Cette lettre que je viens d'écrire,., Qu'importent toutes choses ! En dépit de tous, en dépit de moi-même, j'accomplirai mon œuvre.

SUZANNAH.

Milord !

RIO-SANTO, *à part.*

Encore un combat contre mon cœur !

SUZANNAH.

Ne craignez pas que je cherche en ce moment suprême à entraver vos projets... Non, milord, je viens seulement vous adresser un dernier remercîment pour la bonté que vous avez eue tout à l'heure d'écouter ce pauvre vieillard, mon père, et de lui laisser une lueur d'espérance... Mais cette espérance dont il se berce, je ne la partage pas, moi... Milord, j'ai tenté contre vous une lutte impossible, et je succombe... Je suis vaincue... brisée... anéantie !... et je n'essayerai jamais de me relever de ma défaite... Pauvre folle ! les yeux ardemment fixés sur vous, je n'avais pas vu à mes pieds l'abîme qui nous séparait... Maintenant, je le vois, l'abîme ; il m'attend... et je le sais bien, je n'ai plus qu'à mourir ! Je mourrai ! Oh ! je vous le répète, je mourrai ! Cette résolution est trop froidement calculée pour qu'aucune volonté humaine puisse la changer !...

RIO-SANTO.

Suzannah !

SUZANNAH.

Si je n'avais pas dû mourir, peut-être serais-je partie la colère dans le cœur... Mais quand on est bien décidée à paraître devant Dieu, on est calme, résignée... on pleure, voilà tout... Et on dit à ceux qui vous ont fait du mal : Soyez heureux, soyez bien heureux, moi, je prierai pour vous !

RIO-SANTO.

Suzannah !

SUZANNAH.

Milord, voilà que je ne puis retenir mes larmes... Mon Dieu !

excusez-moi, une femme n'a que les forces d'une femme, et, en ce moment, je suis bien faible et bien accablée! Quand je ne serai plus là, si par hasard vous pensez à moi, dites-vous que mon malheur n'est pas tout à fait mon ouvrage, et que peut-être bien des tortures m'auraient pu être épargnées si vous ne m'aviez pas dit un jour : Suzannah, vous serez ma foi, mon soutien, mon courage! Suzannah, je vous aimerai!

RIO-SANTO, *impétueusement.*

Eh! qui te dit que je ne t'aime pas?

SUZANNAH.

Ne me parlez plus ainsi, vous me rendriez folle!...

RIO-SANTO.

Mais je t'aime! entends-tu bien? je t'aime!...

SUZANNAH.

Ah!

RIO-SANTO.

Oui, je t'aime, entends-tu bien?... Tu n'as donc pas compris que tes plaintes me déchiraient le cœur?... Quand tu parlais de mourir, moi je souffrais mille morts! La jalousie, la violence, que m'importe cela? c'est une lutte, et contre la lutte je suis fort... Mais tes larmes! mais ta résignation! oh! cela, vois-tu, cela triomphe de mes projets, de ma parole, de tout!... Oui! quand je t'ai vue pâle et accablée... quand j'ai vu tes yeux brûlants qui ne trouvaient point de larmes... mon âme s'est brisée!... Mon Dieu! vous êtes témoin que j'ai lutté de tout mon courage et de toute ma force! vous êtes témoin que longtemps j'ai broyé sous ma volonté impitoyable cet amour qui est notre existence à tous les deux! Mais enfin, c'est trop souffrir! je ne suis qu'un homme, mon courage est vaincu, ma force est épuisée!... Périssent mes projets de dix années! Périsse l'ambition de ma vie! périsse tout cela, plutôt que notre bonheur d'un jour, d'une heure, d'un instant!... Suzannah, aime-moi comme je t'aime! car je t'aime! je t'aime! oh! je t'aime!...

SUZANNAH.

Mon Dieu! mon Dieu!

RIO-SANTO.

Qu'on ne me parle plus de trésors, d'ambition, d'avenir! Le plus précieux de tous les trésors, c'est toi!... L'ambition, l'avenir, tout cela, pour moi, est en toi, en toi seule!... Te faut-il plus encore? eh bien! nous fuirons loin de cette ville maudite... Cette nuit, sur-le-champ, si tu le veux, fiancée, parents, amis, pour toi j'abandonnerai tout! j'oublierai tout! tout!...

SCENE V.

LES MÊMES, FANNY.

FANNY.

Même l'Irlande!

RIO-SANTO, *à part.*

Fanny! je ne l'attendais plus!

SUZANNAH.

Quel beau songe! Déjà le réveil!

RIO-SANTO.

Eh bien! Fanny, quelles nouvelles? qu'avez-vous à m'apprendre?...

FANNY.

Je ne sais, milord... Le libérateur n'était pas à Dublin... Cette lettre à votre adresse est le seul résultat de mon voyage.

RIO-SANTO.

Donnez!

PADDY, *paraissant.*

Milord, les gentilshommes de la nuit sont rassemblés... ils attendent votre ordre...

RIO-SANTO, *qui a lu.*

Ciel!... Qu'ils obéissent à celui-ci, allez! (*Il le fait entrer dans une chambre voisine, puis il court au balcon, au fond du théâtre.*)

SCENE VI.

FANNY, SUZANNAH, *en scène.* (*On entend sonner les cloches de l'église voisine.*)

FANNY.

Cet orgue... cette foule... Lord Trevor, miss Mary en costume de fiancée... Ah! je me rappelle...

SUZANNAH.

Qu'a-t-elle dit? Moi aussi je me rappelle... Cet orgue, c'est celui de la chapelle de ce château... Ah!

FANNY, *venant à elle.*

Suzannah!... Pourquoi restez-vous ici?

SUZANNAH.

Ils vont se marier, n'est-ce pas?

FANNY.

Ne restez pas, vous dis-je, venez! venez!

SUZANNAH.

Non!... Mon Dieu! il me vient des pensées qui m'épouvantent! Ah! ma tête! ma tête! Est-ce que je suis folle? Ah! je ne suis pas assez forte pour ce supplice!

FANNY.

Venez, par amour pour lui! venez... les voici!

SUZANNAH, *à part.*

Par amour pour lui... Oh! oui, elle a raison... Ne suis-je pas assez récompensée? Que cette folle passion ne lui coûte pas un sacrifice... Meure, pauvre fille... puisqu'il t'aime! meure sans regret!... (*Elle se frappe.*)

FANNY, *appelant.*

Suzannah!... Qu'avez-vous fait? Au secours! au secours!

SCENE VII.

LES MÊMES, TREVOR, DONNOR, *puis* RIO-SANTO, PERCEVAL.

TREVOR.

Qu'y a-t-il, qu'y a-t-il?...

DONNOR.

Je veux parler à milord!... (*Apercevant Clary.*) Ma fille! mon enfant!

RIO-SANTO, *entrant.*

Suzannah! .. blessée...

FANNY, *à Rio-Santo.*

Sur ma vie, je réponds de sa vie!

PERCEVAL, *accourant.*

Quel est le bonheur que me promet cette lettre, milord?

RIO-SANTO.

O'Connell n'est plus, milord!... son dernier vœu rend la lutte impossible... votre serment, et le mien tombent pour servir nos projets. Vous me donniez la main de votre fille, mais désormais elle peut être heureuse... Je vous rends votre parole... Monsieur Frank, je vous avais bien dit que nous serions amis.

SUZANNAH.

Qu'entends-je?... Et vous, milord?

RIO-SANTO.

Moi aussi, je suis heureux, puisque je suis à toi... pour toujours.

FIN.

www.ingramcontent.com/pod-product-compliance
Lightning Source LLC
LaVergne TN
LVHW020629110826
845149LV00004B/1109

* 9 7 8 2 3 2 9 0 9 0 6 8 9 *